KB152709

N잡하는 허대리의
월급 독립 스쿨

돈 버는 재미를 잃어버린 직장인을 위한

N잡하는 허대리의
월급 독립 스쿨

N잡하는 허대리 지음

TORNADO
토네이도

일러두기

1. 이 책에 등장하는 주요 인명, 지명, 기관명, 상표명 등은 국립국어원 외래어표
   기법을 따르되 일부는 관례에 따라 소리 나는 대로 표기했다. 원문은 설명이 필
   요한 경우 본문 내 최초 등장에 한해 병기했다.

2. 단행본은《 》, 논문, 언론매체, 영화 등은〈 〉로 표기했다.

3. 읽는 맛을 살리기 위해 입말로 작성했다. 신조어나 온라인에서 자주 사용되는
   표현의 맞춤법은 관례에 따랐다.

꿈꿔온 삶의 방식이 있는가?

그렇다면 지금 시작하라.

지금 하지 않으면 언제 하겠는가?

_ 팀 페리스Tim Ferriss

○

좋아하는 일로
월급에서 독립하세요

"20대로 돌아간다면 뭘 하고 싶어?"

누군가가 이렇게 물으면 저는 "안 돌아가고 싶어"라고 답하곤 합니다. 제 20대는 실패의 연속이었기 때문입니다. 돈을 벌고 싶어서 애플리케이션(앱) 창업, 가방 유통 사업 등 이것저것 많이 해봤지만 잘되진 않았습니다. 진짜 내 일을 찾기 위해 끊임없는 시행착오를 겪었죠.

흔히 투잡, 부업이라고 하면 대리운전이나 쇼핑몰 창업을 생각할 겁니다. 하지만 저는 이 책에서 직장인이 몸을 혹사시키거나 회사를 그만두지 않고도 쉽게 따라 할 수 있는 현실적인 수익 창출법을 알려주고 싶습니다. 사실 저도 최근에야 그 방법을 찾았습니다. 바로 내가 좋아하는 일, 내 강점을 발견하고 나라는 사람을 키워가며 수익을 만드는 방법인 '지식 창업'이요. 이 방법을 통해 경제적 자유와 자아 실현을 모두 이루길 바랍니다.

지식 창업은 자신의 노하우를 담은 지식 콘텐츠(강의, 책, 동영상, PDF 전자책 등)를 판매하는 것으로 직장인에게 최적화된 창업 모델입니다. 자본이 없어도 시작할 수 있고 실패해도 손해가 적기 때문이죠. 그리고 무엇보다 자신의 가치를 키울수록 수익이 높아진다는 장점이 있습니다.

부끄럽지만 제 지식 창업 첫 수익은 5만 원이었습니다. 이 5만 원에서 월 1,000만 원에 도달하기까지 약 1년이 걸렸습니다. 지금도 비록 엄청난 부자는 아니지만 월급 200만 원을 겨우 받는 직장인으로서 생존을 위해 안간힘을 쓰며 경험한 일들, 체득한 노하우와 교훈을 이 책에 솔직히 적었습니다.

이 책은 총 5파트로 구성돼 있습니다. 1교시에는 제가 어떻게 성장해왔는지를 짧게 요약했습니다. 2, 3교시에는 지식 창업에 대한 전반적인 내용을 다룰 겁니다. 4교시에는 지식 콘텐츠 마케팅 노하우를 담았고 5교시에는 지식 창업을 지치지 않고 지속하는 방법에 대해 적었습니다. 마지막 부록에는 제가 그동안 도움 받았던 책을 소개했습니다.

이 책에 나온 방법을 그대로 따라 하면 무조건 성공할 수 있다고 말하고 싶진 않습니다. 각각의 성공에는 각자 다른 방식이 있다고 생각하기 때문이죠. 하지만 이 공략집이 당신의 공략집을 만들어 가는 데 큰 도움이 될 겁니다.

성공에는 딱 한 가지 정답이 있는 게 아닙니다. 오로지 개인의 선택과 책임만 있을 뿐이죠. 인생에서 마주할 수많은 갈림길에 이 책이 힌트가 됐으면 합니다.

N잡하는 허대리

목차

○

1교시

나의 월급 독립 스토리

나의
월급 독립
스토리

CHAPTER

01

부자가
되고 싶어요

삶은 유한하다

1교시를 시작해볼까요? 보통 첫 수업 시간에는 첫사랑 일화 같은 재밌는 이야기를 하잖아요. 저도 제 성장 경험을 한 번 소개할게요.

저는 게임을 참 좋아했습니다. 초등학생 때부터 스물다섯 살까지 게임에 빠져 살았습니다. 방학에는 하루에 거의 열 시간씩 게임을 했습니다. 하루 종일 앉아 있다 보니 개학할 때쯤이면 제 몸은 약해지고 캐릭터는 강해졌죠.

대학생 때는 남들이 하는 대외활동도 몇 번 해보고 토익 시험도 치긴 했습니다. 그런데 뚜렷한 목표가 없어서 그런지 그걸 더 열심히 해야겠다는 의지가 생기진 않더라고요. '취업은 스물여덟 살쯤이면 알아서 되겠지. 스물여덟 살의 나야, 잘 부탁한다!'라고 생각하며 대충 살았습니다.

그런 제가 변하기 시작한 건 스물다섯 살 겨울이었습니다. 이별을 겪었거든요. 3년 정도 만나온 굉장히 헌신적이었던 연인과 헤어졌습니다. 그 사람에게 매우 의존했기 때문에 혼자 시간을 어떻게 보내야 할지 몰라 당황스러웠습니다. 그렇게 깊은 공허함에 빠졌습니다.

게임, 음악, 영화, 책 등 위로가 될 만한 것이면 무엇이든 닥치는 대로 찾아봤습니다. 그러던 어느 날 우연히 서점에서 철학책 한 권을 펼쳤습니다. 그 안에서 실존주의 철학자 하이데거_{Martin} _{Heidegger}라는 철학자를 만났고 그의 한 문장에 큰 충격을 받았습니다.

"삶은 유한하다."

너무나 당연한 말인데 왜 이 문장이 제게 와닿은 걸까요? 그때서야 연인과 헤어지고 저를 괴롭히는 가장 큰 감정이 바로 '왜

나는 그 사람과의 관계에서 노력하지 않았을까', 즉 '후회'라는 걸 깨달았습니다. 모든 게 유한하기 마련이라면 지나간 일을 되새기며 느끼는 후회는 인간이 제일 감당하기 힘든 감정이 아닐까요?

그때까지 무의미하게 흘려보낸 시간을 돌이켜봤습니다. 게임이 반드시 나쁘다는 건 아니지만 게임 빼고 아무것도 하지 않았으니 그동안 허송세월을 보냈음에 틀림없었습니다. 이제부터라도 주어진 하루를 의미 있게 살아야겠다고 결심했습니다. 스물다섯 살이나 돼서야 철이 들었다고 이렇게 고백하려니 조금은 부끄럽군요.

그 후 제 삶이 어떻게 달라졌을까요? 저는 더 생산적으로 살기로 마음먹었습니다. 그리고 그 목표는 자연스럽게 '돈'으로 향했습니다. 꽤 어린 시절부터 돈에 대한 결핍을 갖고 있었기 때문이었습니다.

집안 형편이 찢어지게 가난한 건 아니었으나 저희 집은 늘 돈에 쫓겼습니다. 돈 때문에 친척들에게 무시당하기도 했고 서러운 경험도 많이 했죠. 게다가 결정적인 사건이 있었습니다. 공사현장에서 용접 일을 하시는 아버지께서 무릎을 심하게 다치셨는데, 돈이 많이 든다며 병원에 가지 않고 집에서 연고를 치덕치덕바르시는 걸 봤습니다. 이건 아니다 싶어 아버지를 병원에 모시고 갔습니다. 그날 집으로 돌아오며 이런 생각에 잠겼습니다.

'돈에 아쉬워하는 사람이 되고 싶지 않다. 부자가 되고 싶다.'

1년 6개월과 1,000만 원 그리고 뼈아픈 실패

부자가 되고 싶다고 한들 학생이었던 제가 뭘 할 수 있었을까요? 어느 날 저는 무기력하게 캠퍼스를 걷다가 창업 동아리를 모집한다고 적힌 포스터를 발견했습니다. '창업'이라는 단어를 보자 가슴이 마구 뛰었습니다. 아직도 그 풍경을 선명하게 기억할 정도입니다.

창업 동아리를 신청하려면 팀원이 필요해서 친구와 후배를 설득해 어설프게 팀을 구성했습니다. 창업 아이템도 필요했습니다. 뭐가 좋을지 고민하다가 예술작품을 인터넷으로 판매하는 플랫폼을 만들기로 결정했습니다.

하지만 아무것도 하지 못했습니다. 아이디어를 어떻게 실현할지, 구체적으로 어떤 프로세스가 필요한지 몰랐으니까요. 주구장창 회의만 하다가 한 학기가 흘러가버리고 결국 창업은 수포로 돌아갔습니다.

첫 창업은 시도도 못 한 채 끝났지만 아쉬움이 머릿속에서 떠나지 않았습니다. 다시 한 번 제대로 해보고 싶었거든요. 그러다 우연히 주머니에 들어가지 않을 정도로 뚱뚱한 지갑이 눈에 들어왔습니다. 친구의 지갑이었는데 카페 쿠폰으로 가득 차 있었습니다. 홀린 듯이 머릿속에 아이디어가 떠올랐습니다.

'앱을 하나 만들고 이 쿠폰을 모두 모바일화해서 거기에 모아두면 지갑이 가벼워지지 않을까?'

지금은 식상할 수 있지만 당시는 스마트폰이 막 활성화되기 시작한 때라 혁신적인 아이디어라고 생각했습니다.

종이에 앱을 그려봤습니다. 쿠폰 모으기 기능만 있으면 너무 허전하니 카페 찾기 기능도 넣어두면 좋겠다고 생각했습니다. '콘센트가 많은 카페'를 미리 분류해놓고 사용자가 관련 키워드를 누르면 바로 리스트가 뜨게 하는 거죠. 배달의 민족 앱에서 중식, 일식, 한식을 나눈 것처럼요. 사용자가 많아지면 광고도 붙일 생각이었습니다. 이 앱 하나로 내 인생을 바꿀 수 있을 것만 같은 느낌이 들었습니다.

하지만 저는 개발 능력이 없었습니다. 비용을 마련하기 위해 사업계획서를 작성하고 창업 경진 대회나 창업 지원 프로그램에

참가했습니다. 8개월 동안 닥치는 대로 사업계획서를 제출했고 운이 좋게도 한 군데에 당선돼 무려 1,000만 원이라는 개발비를 지원받았습니다.

대학생이었던 제게 1,000만 원은 엄청난 금액이었습니다. 난생처음 큰돈을 손에 쥐니 성공한 CEO라도 된 것 같았습니다. 여기에 젊음을 올인해야겠다는 생각이 들었습니다. 실리콘밸리의 유명 창업자들을 보면 대부분 학교를 자퇴하더라고요. 저는 그렇게까지는 못하고 휴학을 했습니다. 집도 나왔습니다. 보증금 100만 원에 월세 30만 원짜리 반지하 방을 하나 얻어 노트북한 대로 아이디어를 현실화하기 시작했습니다.

그런데 앱이라는 게 돈만 있다고 뚝딱 만들어지지 않더군요. 외주 개발은 정말 보통 일이 아니었습니다. 버튼은 어디에 두고 데이터는 어떻게 관리할지 등 결정할 게 너무 많아 코딩만 안 했지 개발을 직접 하는 듯했습니다.

앱만 나오면 된다고 생각하며 이를 악물고 버텼습니다. 그렇게 아이디어를 처음 떠올린 지 1년 6개월이 흘렀습니다. 드디어 앱스토어에 개발한 앱을 등록했습니다. 결과는 비참했습니다. 아무도 제 앱을 다운받지 않았습니다.

홍보가 부족해서 그럴지도 모른다는 생각에 200만 원가량을 들여 마케팅에 투자했습니다. 다운로드 수는 1,000건을 돌파했지만 대부분 설치 후 얼마 지나지 않아 앱을 삭제했습니다. "미완성된 앱을 올리면 어떡합니까?"라는 피드백과 함께.

그렇게 1년 6개월 동안의 앱 창업은 실패했습니다. 긴 꿈에서 깨어난 것 같았죠. 저는 스티브 잡스Steve Jobs가 아니었고, 제가 만든 앱은 배달의 민족이 아니었어요. 뉴스에 나오는 청년 창업의 신화 따위는 없었습니다. 1년 6개월간 돈도 제대로 못 벌고 버텨왔는데 정신을 차려보니 남은 거라곤 20만 원뿐이었습니다. 주인을 잘못 만나 텅텅 빈 통장에게 미안했습니다.

생활비를 마련하기 위해 닥치는 대로 돈을 벌었습니다. 주로 택배 상하차와 콜센터 아르바이트를 했죠. 그리고 1년 6개월간 제가 배운 것들에 대해 생각해봤습니다.

일단 플랫폼 사업은 개인이 할 만한 게 아니었습니다. 플랫폼 사업은 공급자와 소비자, 양면 시장을 만족시켜야 하는 대형 서비스 사업입니다. 또한 꾸준한 트래픽이 있어야 수익이 나오기 때문에 이를 위한 팀과 자본이 필요했습니다.

또 플랫폼 서비스는 끊임없이 수정, 보완을 필요로 합니다. 그래서 팀원 중에 개발자가 없거나 대표가 개발자가 아니면 사업을 지속하기 힘든 구조를 가지고 있습니다. 생각해보면 제 실패는 너무나 당연했습니다. 플랫폼 사업은 호흡을 길게 접근해야만 했습니다.

새로운 사업과 첫 수익

앱 창업에서 실패를 하고 나니 즉각 보상이 쥐어지는 사업이 더 좋다고 생각했습니다. 뭔가를 팔아야겠다고 마음먹고 교내 창업 프로그램으로 온라인 유통에 대해 배웠습니다(이렇게 글로 쓰니 실패에도 끄떡없는 오뚝이처럼 보이지만 그때는 꽤나 힘들었답니다). 소매업에 대한 제 생각은 이랬습니다.

'2,500원에 산 걸 5,000원에 팔아 2,500원을 남긴다.
사람을 모을 필요도 없고 개발할 필요도 없다.
그냥 팔면 돈을 번다.'

이 단순함에 매료돼 당장 실행에 착수했습니다. 우선 아르바이트를 하며 번 돈으로 도매 사이트에 들어가 이것저것 구입해 봤습니다.

처음으로 산 건 한 개에 3,000원짜리 우유 거품기였습니다. 집에서 커피를 만들어 먹을 때 사용하는 기구였습니다. 하늘색 전지를 배경으로 제품 사진을 찍고 오픈 마켓에 올라온 예쁜 상품 소개 이미지를 참고해 상세 페이지도 직접 제작했습니다. 포토샵을 할 줄 몰랐지만 인터넷으로 검색해서 기능을 배웠습니다. 그렇게 직접 상품을 등록하고 1만 원 정도로 상위 노출 광고를 했습니다.

그랬더니 정말 물건이 팔리는 겁니다. 감격한 나머지 첫 번째 구매자에게 장문의 편지를 썼습니다. 그 구매자가 감동을 받았는지 리뷰를 정성껏 달아주더라고요. 리뷰에 힘입어 두 번째, 세 번째, 열 번째까지 구매가 이어졌습니다.

우유 거품기를 하나 팔면 3,000원이 남았습니다. 앱 창업을 할 때는 1년이 넘도록 100원도 벌지 못했는데 시작한 지 일주일도 되지 않아 3,000원을 벌었습니다. '바로 이거다!' 싶었습니다. 우유 거품기 같은 제품을 열 개 더 찾으면 하루에 3만 원도 벌 수 있겠다는 생각이 들었습니다,

곧바로 커피 용품, 운동 기구, 가방 등 품목을 늘렸습니다. 그중 가방이 제일 좋은 반응을 얻었습니다. 국내 공장에서 제작되는 에코백이었는데 마감이 짜임새 있었고 원단이 튼튼했습니다. 마진도 5,000원 이상 남았습니다.

곧 가방에 판매를 집중하기 시작했습니다. 가방 공장 사장님에게 전화를 걸어 그 공장에 있는 가방을 다 팔아보겠다며 위탁 판매를 제안했고 사장님은 흔쾌히 그러라고 했습니다. 그렇게 사업을 1년 정도 지속했습니다. 순이익은 월 200만 원 정도 됐죠. 그 공장에서 판매하는 가방으로 벌 수 있는 최대 매출이라고 생

각했습니다.

이제 저는 여기서 둘 중 하나를 선택해야만 했어요. 가방 같은 다른 효자 상품을 찾아내거나, 가방 브랜드를 런칭하거나. 몇 개월을 고민했지만 뚜렷한 결정을 내릴 수 없었습니다. 둘 다 하기 싫었거든요. 가방을 팔면 돈을 버니 즐거웠지만 진짜 내 일이 아니라는 생각을 지울 수가 없었습니다. 저는 뭔가를 창작하는 일을 하고 싶었습니다. 게다가 불안했습니다. 이번 달에 수익이 생겨도 다음 달의 생계를 걱정해야 했기에 늘 걱정이 많았습니다. 그동안 힘겨운 생활에 많이 지쳐 있었습니다.

결국 저는 기나긴 창업의 역사를 정리하고 취업으로 발을 돌리기로 결정했습니다. 이 과정에서 얻은 게 있다면 잘하는 것, 좋아하는 일을 발견했다는 겁니다. 제가 마케팅에 관심이 있고 콘텐츠 제작하는 걸 잘한다는 사실을 깨달았습니다. 그렇게 저는 직장인의 길로 들어섰습니다.

CHAPTER 02

직장 생활을 시작하다

나는 조직 부적응자였을까?

저는 스물여덟 살에 처음 취업했습니다. 그전에도 몇 군데 회사를 다니긴 했으나 대부분 아르바이트에 가까운 계약직 자리였죠. 처음 정식으로 취업한 회사는 직원 스무 명 규모의 온라인 광고 회사였습니다. 주로 출판 관련 광고를 했는데, 제가 맡은 업무는 블로그 포스팅과 카드뉴스(SNS나 포털 사이트에 게시하기 위해 한 컷 이미지와 짧은 글로 구성된 콘텐츠)의 원고를 작성하는 일이었죠. 정말 즐겁게 일했습니다. 평소 책을 좋아하기도 했고 원하는 대로 콘텐츠를 창작하게 됐으니까요.

그러나 즐거움은 딱 한 달밖에 가지 않았습니다. 입사 2개월 차에 본격적으로 실무에 투입되면서 회사의 민낯을 들여다보게 됐기 때문이었습니다.

그때 제 업무 프로세스는 이러했습니다. 제가 책을 읽고 원고를 작성해서 디자이너에게 전달합니다. 디자이너는 그 원고를 토대로 카드뉴스를 제작하고 채널 관리자가 완성된 카드뉴스를 업로드합니다. 그런데 작은 수정 하나를 부탁할 때도 디자이너의 기분을 고려해서 조심스럽게 소통해야 했고 종종 은근한 감정싸움이 일어나곤 했습니다. 주변 사람들에게 하소연하면 "원래 회사는 그런 거다", "네가 직장 생활에 안 맞는 거 아니야?" 하는 대답만 돌아올 뿐이었습니다. 제가 원한 삶은 이게 아니었는데, 계속 이렇게 살아야 하나 막막했습니다.

부족한 월급은 야근 수당으로 메꾼다

경쟁사 때문에 매출이 하락하자 회사에는 정리해고 바람이 불었습니다. 제가 속한 팀의 팀원은 열 명에서 세 명으로 줄어들었습니다. 원고 작성과 디자인을 모두 할 줄 알았던 저는 운이 좋게도 살아남았습니다(상세 페이지 만들 때 배워둔 포토샵이 이렇게 도움이 될 줄이야).

혼자 모든 업무를 맡았지만 힘들게 커뮤니케이션을 할 필요가 없어져 예전보다 즐겁게 일했습니다. 제가 만든 카드뉴스는 페이스북에서 '좋아요'를 1만 개 이상 받았고 그 카드뉴스로 광고한 책의 판매도 상승했습니다. 회사뿐만 아니라 클라이언트에게도 실력을 인정받기 시작했습니다. 거기에 탄력을 받아 성과를 내기 위해 더 오래 일했습니다. 일주일에 사흘 이상 밤 열 시에 퇴근하곤 했죠. 그래도 견딜 만했습니다. 야근 수당이 있었기 때문이죠.

당시 제 연봉은 2,800만 원이었습니다. 세금을 제외하고 매달 통장에 200만 원 남짓 찍혔습니다. 꼬박꼬박 들어오는 월급 덕에 생계의 위협을 느끼진 않았습니다. 하지만 월급날이 일주일 지나고 식비, 교통비, 관리비, 적금이 빠져나간 뒤 남은 잔고를 볼 때면 한숨이 나왔습니다. 그 돈으로는 한 달에 두어 번 SNS에서 유명한 맛집을 가거나 부모님께 딱 10만 원 용돈을 드릴 수 있었습니다.

월급만으로는 성이 차지 않던 제게 야근 수당은 아주 달콤한 덫이었습니다. 일주일에 3일 이상 야근하면 30만~50만 원 정도를 더 벌었습니다. 주말에도 나와 일했습니다. '집에서 놀면 뭐해, 돈이나 벌지'라는 생각이었죠. 그렇게 한 달에 약 200만 원대 후반을 받았습니다. 힘들 때면 늘 직장인 평균 연봉을 찾아보고 평균 이상의 삶을 살고 있다고 안심했습니다.

반년이 흘러 야근에 익숙해질 때쯤 몸에 이상 신호가 발생했습니다. 기침이 두 달 이상 지속됐고 온갖 염증에 시달렸습니다. 장염을 늘 달고 살았고 위염, 기관지염, 천식까지 생겼습니다. 맹장염으로 수술도 했습니다. 위염으로 약을 받아오면 그걸 다 먹기도 전에 기관지염으로 다시 약을 지어왔습니다. 제 자리에는 언제나 약봉지가 수북했죠. 몸이 아프니까 기분까지 늘 우울했습니다.

컨디션이 좋지 않아 성과도 안 나왔고 그 때문에 스트레스를 받으니 몸이 더 아팠습니다. 그렇게 악순환을 반복했습니다. 하루에 열두 시간 가까이 앉아 늘 실적에 압박받는 데다가 햇빛도 보지 않고 운동도 하지 않으니 당연한 결과였습니다. 돈은 다시 벌면 그만이지만 수술로 뗀 맹장은 돌이킬 수 없었습니다.

5년이 지난 지금도 그 시간을 후회합니다. 50만 원을 더 벌었다고 해서 인생이 크게 변화하지는 않았습니다. 그저 통장에 50만 원이 더 찍히는 걸 보고 알량한 만족감을 얻을 뿐이었죠.

그때 저는 기회비용을 전혀 생각하지 않았습니다. 다시 돌아갈 수 있다면 그 시간에 책을 몇 권 더 읽어서 지식을 쌓고 제 가치를 높였을 겁니다. 돈은 잃어도 다시 벌 수 있지만 시간은 그렇지 않습니다. 그러니 시간과 돈을 일대일로 교환하는 게 공평한 거래는 아닙니다. 물론 그 돈을 모아 투자를 해서 인생을 바꿀 수 있는 기회로 사용한다면 괜찮지만요.

이 책을 보는 당신은 단순히 순간의 경제적 만족을 위해 야근 수당에 목숨 거는 일은 없길 바랍니다. 통장에 50만 원이 더 있다고 인생이 바뀌진 않으니까요.

직장 생활은 과연 안정적일까?

앞서 제가 불안감을 느껴 직장 생활을 결심했다고 이야기했죠? 마음의 안정을 찾기 위해 취업을 했지만 아이러니하게도 2년 가까이 회사에 다니면서 늘 조마조마했습니다. 3~4개월을 주기로 회사에 크고 작은 변화들이 있었기 때문이죠.

제 업무는 카드뉴스 원고를 작성하는 것이었지만 갑자기 디자인이나 영상 편집을 해야 할 때도 있었습니다. 또한 DSLR로 촬영을 하거나 작가들을 인터뷰하기도 했고 때로는 프로젝트 매니저를 맡기도 했습니다.

이렇게 제가 맡은 업무의 영역이 넓어질 때마다 제 커리어는 중구난방이 되기 시작했습니다. 그렇다고 원하는 일만 할 수도 없는 노릇이었죠. 회사의 변화와 요구에 맞추지 않으면 쫓겨나고 말 테니까요.

그때 저는 어디로 가는지 알 수 없는 차의 동승자였습니다. 길이 마음에 들지 않아도, 주행자가 과속운전을 해도 불평할 수 없었습니다. 제가 멀미를 해도 주행자는 크게 상관하지 않았습니다. 차의 무게가 무거워 기름이 빨리 떨어지고 있다며 갑작스럽게 내려질 수도 있었습니다. 설상가상으로 그곳이 전혀 예상하지도 못한 장소일 수도 있었습니다. 저는 이 경험을 통해 한 가지 교훈을 깨달았습니다.

'내 인생의 운전대를 다른 사람에게 맡겨서는 안 된다.'

물론 동승자를 책임지려고 노력하는 주행자도 어딘가엔 존재합니다. 그러나 주행자의 목적지와 나의 목적지가 늘 같을 수는 없습니다.

우리는 흔히 안정적인 생활을 유지하기 위해 직장인이 되길 선택합니다. 하지만 직장 생활이 정말로 평온한 삶과 노후를 보장할까요? '이 회사에 언제까지 있으려나? 다음 회사는 어디로 가야 하나? 회사가 망하지는 않겠지? 내가 사고가 나서 다치기라도 하면 해고당하지 않을까?' 이런 생각을 품고 회사에 다니면서 과연 직장인으로 사는 게 안정적이라고 말할 수 있을까요?

이 글을 보는 누군가는 '나는 잘릴 걱정 없는 좋은 직장에 다니는데?'라고 생각할 수 있습니다. 하지만 이렇게 묻고 싶어요. 5년 뒤에도, 10년 뒤에도 당신이 그 회사에 다닐 거라고 장담할 수 있나요?

냉정하게 생각해보면 회사는 사람을 책임지는 조직이 아닙니다. 오직 이익을 위해서 존재합니다. 5년 뒤에도 당신이 그 회사에 필요한 사람이라면 회사는 당신을 고용할 테지만 그렇지 않다면 해고할 겁니다.

시장은 시시각각 변화하고 있습니다. 4차 산업혁명 시대가 도래하면서 기술의 발전 속도가 빨라졌고 사람들의 소비 습관도 달라졌습니다. 불과 작년에 유행했던 콘텐츠가 금세 구태의연하게 느껴지기도 합니다. 이러한 상황이 지속되면 시대가 요구하는 인재상도 달라집니다. 회사는 언제나 시장을 따라가니까요. 회사의 수익 모델에 당신이 더 이상 필요 없어지면 회사는 작별 인사를 고할 겁니다. 실제로 눈치 빠른 스타트업들은 벌써부터 몸집을 가볍게 줄이기 시작했습니다. 정규직을 최소화하고 유능한 계약직으로 인력을 채우고 있죠.

언젠가는 운전대를 직접 잡아야 한다

여기까지 왔으면 '그래서 지금 퇴사를 하라고요?'라고 묻는 사람이 있을 겁니다. 당장 회사를 그만두라는 말이 아닙니다. 퇴사는 하지 마세요. 저는 무작정 퇴사를 종용하지 않습니다. 가급적 퇴사는 미뤄야 합니다.

제가 진짜 하고 싶은 말은 어느 날 갑자기 직접 운전대를 잡아야 하는 순간이 왔을 때 사고가 나지 않도록 적어도 면허를 미리 따두자는 겁니다. '아, 노란불일 때는 멈출 준비를 하는구나', '차선을 변경할 때는 깜빡이를 켜는구나' 같은 지식을 미리 알고 있어야 합니다. 그래야 내 인생을 안전하게 운전해 나갈 수 있습니다. 더군다나 조수석과 뒷좌석에 가족을 태워야 한다면 더욱 조심해야겠죠.

늘 고용되기만을 기다리는 삶은 안정적일 수 없습니다. 그렇다고 거창한 사업을 하라는 이야기는 아닙니다. 이 책을 다 읽고 나면 직장 생활이 생계를 유지하는 유일한 방법이 아니라는 사실을 깨닫게 될 겁니다. 해고당하지 않기를 간절히 기도하며 회사에 매달리지 않았으면 합니다.

당신만을 위한 일자리는 애초에 존재하지 않습니다. 일을 위한 일자리만 존재할 뿐이고 당신은 우연히 그 일자리에 맞는 사람(혹은 억지로 맞춘 사람)일 뿐입니다. 아직도 정말 직장 생활이 안정적이라고 생각하나요? 그렇다면 지금 편안함을 느끼고 있어야만 합니다.

퇴사 후
홀로서기

뭐해 먹고살지?

직장 생활을 하며 저는 회사 없이도 살아남을 힘이 필요하다는 결론을 내렸습니다. 회사에 있을 때는 매니저라는 직급 때문에 사람들이 잘 대해주려고 하겠지만 막상 회사를 나가면 아무도 찾아주지 않을 것 같았거든요. 이런 제게 필요한 건 단 하나였습니다. 바로 자생력!

자생력을 갖기 위해서는 실력을 입증할 수단이 필요했습니다. 그때 떠오른 게 공모전이었습니다. 그동안 회사에 2년 가까이 다니며 카드뉴스를 100여 개 기획한 덕분에 카드뉴스 만들기에는 어느 정도 자신이 있었습니다. 그렇게 3개월간 공모전 여섯 개에 도전했고(집에 포토샵이 돌아가는 컴퓨터가 없어서 PC방에서 작업했던 기억이 납니다) 세 번 당선됐습니다. 상금 100만 원, 첫 월급 외 수익이었습니다.

그러던 중 회사에 또 변화가 일어났습니다. 원래 하던 광고 사업을 접고 커머스 사업으로 진출하겠다는 것이었습니다. 더 이상은 안 되겠다 싶어 저는 결국 회사를 그만뒀습니다.

퇴사 후 처음 한 달은 행복했습니다. 퇴직금과 공모전 상금으로 2,000만 원 정도 되는 목돈이 있어 불안하진 않았습니다(이때만 해도 이 돈이 그렇게 빨리 사라질 줄은 몰랐어요). 그래도 진짜 백수가 되니 '뭐해 먹고살지'에 대한 걱정은 끊을 수가 없더군요.

두 달의 고민 끝에 내가 잘하는 일을 하자고 마음먹었습니다. 카드뉴스의 디자인 서식, 즉 템플릿을 팔겠다고 생각한 거죠. 공모전에서 세 번이나 수상했고 페이스북에서 카드뉴스로 좋은 반응을 얻은 경험도 있어 나름 자신이 있었습니다.

처음 카드뉴스를 만들 때 포토샵을 사용할 줄 몰라 고생했던 게 떠올랐습니다. 그래서 많은 사람들에게 포토샵보다 친숙한 파워포인트PPT로 템플릿을 제작했습니다. 그런데 막상 판매를 하려고 보니 템플릿을 활용하는 방법을 알려주는 설명서도 필요하겠더라고요.

곧바로 설명서를 만들기 시작했습니다. 설명서가 한 시간 정도 분량의 강의안이 돼버렸습니다. '어라? 그냥 강의를 열어보지, 뭐'라는 생각에 재능 공유 플랫폼에 'PPT로 카드뉴스 만들기'라는 강의를 올렸습니다. 가격은 1인당 2만 5,000원이었습니다.

강의를 등록하고 큰 기대는 하지 않았습니다. 이런 걸 누가 2만 5,000원이나 주고 들을까 싶었으니까요. 그런데 다음 날 알림이 울렸습니다. '수업 신청서가 도착했습니다' 하고요.

퇴사 후 무자본으로 월 400만 원을 벌다

첫 수업의 수강생은 네 명이었습니다. 홍대에 스터디룸을 하나 대여하고 떨리는 마음으로 수업을 준비했죠. 수업 시간, 목소리, 제스처 등을 체크했습니다. 강의 경력은 없었지만 그동안 창업 지원 사업에 도전하며 사업계획서를 발표한 경험이 있다 보니 막막하지는 않았습니다.

수업은 예상보다 즐겁게 진행됐습니다. 수업 내내 수강생들의 눈빛이 반짝였고 질의응답도 활발했습니다. 추가 질문을 받느라 원래 한 시간 반으로 예정됐던 수업이 두 시간을 훌쩍 넘겨 끝났을 정도였습니다.

수업을 마치고 스터디룸을 정리한 뒤 밖으로 나왔을 때 느낀 성취감이 지금도 떠오릅니다. 제 지식과 경험을 들으러 먼 길을 찾아온 네 명의 수강생에게 감사했습니다. 누군가에게 도움이 됐다는 사실에 가슴이 뛰었습니다. 게다가 돈까지 벌었으니 이 일이 적성에 정말 잘 맞는다고 생각했습니다. 수강생들 역시 리뷰에 별 다섯 개를 달아줬습니다.

5만 원. 대관료, 플랫폼 수수료, 교통비를 제외한 그날의 순이익이었습니다. 큰돈은 아니었지만 거대한 눈덩이를 굴리기 위해 뭉치는 아주 작은 눈덩이라 생각했습니다. 첫 수업을 들은 수강생들의 리뷰 덕분에 강의가 또 결제되기 시작했습니다. 그렇게 저는 두 번째 수업을 준비했습니다.

두 번째 수업 역시 대성공이었습니다. 첫 수업에서 수강생들이 성공 사례를 주로 궁금해했던 게 떠올라 강의 내용에 이를 보강했습니다. 두 번째 수업 수강생들은 첫 수업 수강생보다 더 만족하는 눈치였습니다.

그렇게 수업을 진행할 때마다 개선점을 찾아 반영했습니다. 퇴근하고 바로 수업에 오는 수강생들을 위해 간식을 준비했습니다. 겉 포장에는 예쁜 스티커에 그들의 이름을 써서 붙였습니다. 온도와 습도, 조명까지 생각해 깨끗하고 넓은 스터디룸을 대관

했습니다. 어색한 분위기가 흐르지 않게 쉬는 시간에 틀어놓을 음악을 미리 준비했고, 조금 더 전문적인 이미지를 풍기고 싶어서 프리젠터(PPT를 넘길 때 사용하는 리모컨)와 깔끔한 셔츠도 구매했습니다.

수업 전날, 당일, 종료 후에는 수강생에게 안내 문자 메시지를 보내 대접받고 있다는 인상을 줬습니다. 강의를 결제하는 순간부터 수업을 다 듣고 집으로 돌아갈 때까지 모든 과정에서 어떻게 수강생의 기분을 더 좋게 해줄지 고민했습니다. 강의라는 상품의 본질은 서비스라고 생각했기 때문입니다.

그렇게 강의를 계속했습니다. 좋은 리뷰가 많이 달리고 결제도 활발히 이루어지자 재능 공유 플랫폼에서는 제 강의를 상위에 노출시켰고 추천 강의로 선정했습니다.

리뷰가 40개 이상 쌓일 때쯤 새로운 수익 모델이 등장했습니다. 기업 강의가 들어오기 시작한 겁니다. 한 단체에서 마케터 지망생을 위해 카드뉴스 제작 강의를 해달라고 요청했습니다. 두 시간 강의에 강의료는 25만 원이었습니다. '뭐야, 내 시급이 10만 원 넘는 거야?'라는 생각에 들뜨기 시작했습니다.

그렇게 5만 원이었던 수익이 어느덧 월 120만 원을 돌파했습니다. 온종일 일한 것도 아니었습니다. 아르바이트나 다른 일을 하면서 일주일에 두세 번 정도 강의한 성과였습니다.

리뷰가 80개 정도 쌓이자 새로운 제안을 받았습니다. 바로 외주 제작이었습니다. 기업에서 카드뉴스를 제작해달라고 요청한 거죠. 강의 후기도 좋고 기업 출강도 하니 괜찮겠다고 판단해 맡긴 것 같았습니다. 3개월 정도 되는 프로젝트로 금액은 약 1,000만 원이었습니다.

그렇게 큰돈이 통장에 들어오는 건 처음이었습니다. 계약서에 서명할 때도 손이 바들바들 떨렸죠. 하지만 그들이 보기에 저는 프로잖아요? '이런 일은 수도 없이 하지'라는 표정을 애써 지었습니다. 그날 계약을 마치고 집으로 향하는 발걸음이 어찌나 가볍던지요.

강의료와 외주비를 합치면 월수입은 약 400만 원. 하루에 열두 시간씩 일하며 280만 원을 벌던 때가 생각났습니다. 출근을 하지 않고 원하는 곳에서 원하는 일을 하다니, 이게 진정 디지털 노마드가 아닐까 싶었습니다. 보상으로 콘 아이스크림을 하나 사 먹었습니다.

한계에 부딪히다

제가 맡은 외주는 기업의 블로그에 카드뉴스를 제작해서 업로드하는 일이었습니다. 회사를 다닐 때 늘 하던 일이라 어렵진 않았죠. 그런데 복병이 존재했습니다. 바로 꼼꼼한 클라이언트였습니다.

'심플한데 화려하게'를 요청하는 사람은 아니었지만 제 클라이언트는 철저했습니다. 그래서 저는 어떻게 하면 쉽고 빠르면서도 컨펌도 잘 되게 카드뉴스를 제작할 수 있을지만 궁리했죠. 콘텐츠가 얼마만큼 확산되느냐는 두 번째 문제였고 최우선 과제는 컨펌이었습니다.

그러다 보니 재미가 없었습니다. 이 일은 단순히 시간과 돈을 등가 교환 하는 것밖에 되지 않았으니까요. 수익을 확장시키기도 어려웠습니다. 다른 일을 하는 게 쉽지 않았거든요. 오로지 그 일만 해야 겨우 마감에 맞춰 끝낼 수 있었죠. 강의도 점점 줄였습니다. 다시 직장 생활을 하는 기분이었습니다.

더 큰 문제는 불투명한 미래였습니다. 운이 좋게도 첫 번째 프로젝트를 진행하면서 다음 프로젝트까지 수주를 받았으나 이 상황이 계속 이어질지는 의문이었습니다. '수익의 통제권을 내가 가져와야 한다'고 생각했고 또다시 진짜 내 일을 찾아 나서기 시작했습니다. 그때 떠올린 게 유튜브였습니다. 어떤 콘셉트로 할까 고민하던 찰나 유튜브에는 큰 지각변동이 일어났습니다. 바로 유튜버 신사임당의 출현이었죠.

신사임당은 쇼핑몰 운영 노하우를 유튜브에 공개했고 사람들은 그에 열광했습니다. 저도 마찬가지였습니다. 가방 유통 사업을 할 때 이 지식을 알았더라면 좋았을 거라는 아쉬움을 달래며 다시 온라인 유통업에 도전해야겠다고 생각했습니다. 그러나 이번에는 제가 자신 있고 좋아하는 콘텐츠 제작을 바탕으로 사업을 키워나가겠다고 마음먹었습니다.

그렇게 어떤 사업을 할지 고민한 지 한 달쯤 됐을 무렵 마우스 패드가 눈에 들어왔습니다. 직장인을 위한 유튜브 채널을 만들고 구독자가 많이 모이면 오피스 용품을 팔아보면 어떨까 하는 아이디어가 떠올랐습니다.

우선 20만 원 정도를 들여 등받이 쿠션, 발 받침대같이 직장인에게 유용한 물품을 샀습니다. 채널명은 '프로직장러'라고 짓고, 어떤 지식 콘텐츠를 올릴지 생각해봤습니다. 회의 잘하는 방법, 칼퇴하는 방법 등을 떠올리다가 강의를 통해 월급 외 수익을 만드는 방법을 알려주기로 결정했습니다. 초기 비용도 딱히 들지 않고 강의안을 만들어놓으면 크게 수정하지 않아도 돼서 직장인에게 적합한 최고의 부업이라고 생각했기 때문입니다. 저 역시 오전에는 다른 업무를 하다가 오후에 강의를 다녀왔으니까요. 그렇게 콘텐츠를 제작하기 시작했습니다.

허대리의 탄생

채널명과 주제를 정한 뒤 유튜브에서 '직장인 투잡'이라는 키워드를 검색해봤습니다. 결과가 많지 않았습니다. 블루오션이라는 생각에 그 키워드로 영상을 올렸습니다. 하지만 반응이 없었습니다.

2~3주 정도 지났을까요. 어느 날 유튜브에 댓글 알림이 울렸습니다. 직장인 투잡을 검색해서 들어온 사람들이 제 영상에 댓글을 달기 시작한 거예요. 대부분 유익하다는 내용이었습니다. 며칠 지나자 댓글이 점점 많아지더니 유튜브 알고리즘으로 하루에 10만 명 이상에게 제 영상이 노출됐습니다.

앞으로 어떤 영상을 올려야 할지 고민했습니다. 댓글을 보니 사람들은 직장 생활 꿀팁보다 월급 외 수익 창출에 더 관심이 많아 보였습니다. 그래서 온라인 유통 사업 구상은 잠시 멈추고 그노하우를 더 자세히 공유하기로 결심했습니다.

채널의 콘셉트가 바뀌었으니 다른 채널명이 필요했습니다. 사용자를 분석해보니 25~34세가 가장 많았습니다. 그 나이면 대리 직급이 가장 많을 거라 생각해서 ID에 '대리'를 넣기로 했습니다. 한편 첫 영상에서 얼굴이 나오지 않아 답답하다는 피드백을 받았지만 실제 얼굴을 노출하고 싶진 않아 시베리안 허스키

가면을 썼습니다. 그리고 허스키의 '허'를 따서 '허대리'라는 캐릭터를 만들었죠. 또한 투잡에 반응이 있었으니 'N잡'이라는 키워드를 사용하는 게 좋겠다고 생각했습니다. 그렇게 'N잡하는 허대리'가 탄생했습니다.

머니 파이프라인의 시작

저는 유튜브에 강의안을 만드는 방법, 재능 공유 플랫폼에서 상위 노출 되는 방법 등 나름의 노하우를 영상으로 제작해 올렸습니다. 1,000~2,000명씩 구독자가 모이기 시작했습니다. 그러나 바로 돈을 번 건 아니었습니다. 유튜브는 수익을 얻기까지 어느 정도 시간이 걸리기 때문이었죠. 수익 창출 프로그램인 애드센스 승인을 받아야 했거든요.

당장 현금이 발생하는 파이프라인이 필요했습니다. 유튜브 구독자들이 흔쾌히 구매할 만한 게 뭘까 고민하다가 재능 공유 플랫폼에서 사람들이 자신의 노하우를 PDF 전자책으로 제작해 수익을 내는 걸 본 게 떠올랐습니다. 유튜브에는 분량 때문에 자세히 설명하지 못한 정보들을 문서로 작성해서 팔면 좋겠다는 생각이 들었죠.

그때부터 매일 PDF 전자책 집필에 매달렸습니다. 경험으로 체득한 지식을 문자로 풀어쓰는 건 매우 고통스러운 일이었어요. 거의 30시간 이상 꼬박 투자했습니다. 그렇게 40쪽 분량의 문서를 만들어 1만 1,000원에 판매했습니다.

유튜브 영상을 보고 정보를 더 얻고 싶은 사람들이 PDF 전자책을 하나둘 구매했습니다. 월 10만~20만 원 정도 수익이 났습니다. 하지만 그 정도로는 이 일을 지속할 수 없었습니다. 줄어드는 통장 잔고를 보며 다시 조급한 마음이 들기 시작했습니다. 안정적인 수익원이 먼저 필요했어요. 그렇게 유튜브와 PDF 전자책 판매 경험을 강조해 강의 플랫폼에 입사를 지원했고 한 유명 스타트업에 합격했습니다. 다시 직장 생활이 시작된 거죠.

재취업 그리고
월 1,000만 원 달성

너무 바빴던 새 직장

다시 취업한 회사는 자유로운 분위기였습니다. 구독자가 비록 7,000명에 불과하긴 했지만 사내 유일한 유튜버라는 점 때문에 저는 동료들에게 관심을 받았습니다. 회사 또한 이 능력을 높이 평가했죠. 여러모로 유튜브 채널 운영을 병행하기에 좋은 환경이었습니다.

그러나 한 가지 문제가 있었습니다. 너무 바쁘다는 거였죠. 빠르게 성장하는 스타트업이라 업무와 회의가 늘 많았습니다. 게

다가 매번 새로운 일을 처리해야 해서 경력직으로 들어왔음에도 적응하기가 쉽지 않았습니다. 야근하는 날이 잦았고 유튜브 채널을 운영할 시간을 낼 수가 없었습니다.

구독자들이 기다리고 있다는 걱정이 들었지만 영상을 꾸준히 올릴 여유가 생기지 않았습니다. 고민 끝에 정면 돌파하기로 마음먹었습니다. 영상을 자주 못 올린다는 점을 인정하고 대신 한 번 올릴 때 정말 좋은 정보를 주겠다고 약속하기로 했습니다. 그럼 구독자들도 알림 신청을 하고 콘텐츠를 기다리지 않을까 하는 생각이 들었습니다.

그래서 영상을 하나 찍었습니다. "제가 회사 다니느라 바빠서 영상이 한 달에 한 번 정도 올라갈 수 있어요. 하지만 그 하나에는 양질의 정보가 담길 거고 알림 신청을 누르면 가장 빨리 이 정보를 볼 수 있어요"라고 말했습니다. 구독자들은 제 솔직함을 응원했고 영상이 더욱 빠르게 확산되기 시작했습니다.

나만 할 수 있는 일이 무엇인가

제가 다니던 회사의 인재상은 '착·똑·야'였습니다. 착하고 똑똑하고 야망 있는 사람의 줄임말이었습니다. 그만큼 회사에는 실력자가 많았고 인턴이나 신입사원이 경력자인 저보다 일을 잘 했습니다. 학벌도 뛰어나고 일처리도 빠릿한 착·똑·야들이 모인 곳에서 일을 하자니 매일이 긴장 상태였습니다. 그 안에서 살아남으려면 나만의 뭔가가 필요했습니다.

유튜브에서도 마찬가지였습니다. 제가 유튜브를 시작할 당시 다른 경제경영 분야 유튜버들은 월 1,000만 원, 1억 원을 버는 방법을 이야기하고 있었죠. 따라서 월 100만 원 벌기를 알려주는 제가 하찮게 느껴질 수도 있었습니다. 저는 이 사실을 인정했습니다. 당시 제게 월 1,000만 원을 벌 능력은 없었으니까요. 그래서 영상에서도 이렇게 이야기했습니다.

"저는 월 1,000만 원 버는 방법은 모르기 때문에 가르쳐줄 수 없어요. 그걸 배우고 싶다면 다른 유튜버를 구독해주세요. 대신 저는 당신의 첫 시작을 알려주고 싶습니다. 월수입 1만 원부터 500만 원까지 말이에요."

그 뒤로 저는 예전보다 편안한 마음으로 유튜브를 운영할 수 있었습니다. 큰돈을 버는 방법을 알려줘야 한다는 강박에서 벗어난 거죠. 내가 갖지 못한 것에 집중하는 순간 평정심이 무너지고 맙니다. 내가 가지고 있는 게 무엇인가를 생각하면 늘 답을 찾더라고요.

회사는 생존 스킬을 배우는 학교

제가 회사에서 맡은 업무는 마케팅 콘텐츠를 제작하는 일이었습니다. 그전까지 해왔던 일들과는 조금 다른 영역이었죠. 저는 구독자를 모을 수 있는 콘텐츠, 즉 '오가닉 콘텐츠'를 제작해왔습니다. 하지만 제가 새로운 회사에서 맡은 일은 '페이드 콘텐츠'를 만드는 일이었습니다. 소위 SNS에서 광고로 보이는 그런 콘텐츠 말이죠.

처음에는 낯설었지만 두세 달 뒤에는 적응해 꽤나 일을 잘하게 됐습니다. 이 역량을 지금도 돈을 버는 데 사용하고 있습니다. 이뿐만 아니라 제가 지금 월급 외 수익을 창출할 때 쓰는 도구들은 대부분 회사에서 배웠습니다. 포토샵, 프리미어, 협상, SNS 광고 등 말이죠.

간혹 회사가 부업을 방해한다고 이야기하는 사람들을 만납니다. 그럼 저는 이렇게 말합니다.

"그 안에서 돈이 되는 기술을 하나라도 더 배워서 나오세요."

엑셀이든 설득이든 편집이든 상관없습니다. 나중에 써먹을 수 있는 기술을 지금 다니는 회사에서 최대한 익혀야 합니다. 회사에 도서 구입비나 자기계발비를 지원하는 제도가 있다면 그걸 적극적으로 이용하세요.

저 또한 회사를 다니며 자기계발비로 책이나 강연을 최대한 신청해 지식을 쌓았습니다. 직원이 똑똑해지면 회사의 매출도 성장합니다. 그리고 회사에서는 연봉을 올려서라도 일 잘하는 직원을 잡으려고 하겠죠. 실력을 키우면 주도권을 가져올 수 있습니다. 저는 직장 생활이 힘들 때마다 주변의 누군가가 해준 "돈 주고 배울 거, 돈 받고 배우니까 얼마나 좋아?"라는 말을 떠올리곤 했습니다.

겸직이 가능한가

제 이야기를 마저 하기 전에 한 가지 팁을 알려주고 싶습니다. 회사에서 불이익을 받을까 봐 투잡을 꺼리는 경우가 종종 있습니다. 회사 분위기도 제각각이고 내규도 워낙 다르다 보니 된다, 안 된다 단언하기는 어렵지만 지식 창업은 대부분 가능하다고 봅니다. 최근에는 공무원도 겸직 허가를 받으면 유튜브 활동이 가능하다는 지침이 나오기도 했죠. 하지만 본격적으로 N잡을 시작하기 전에 앞서 회사 내규를 자세히 살펴보고 겸직의 범위를 확인해보세요.

무사히 N잡을 시작했더라도 직장 동료에게 소문을 퍼트리지
는 않는 게 좋습니다. 회사는 여러 사람이 일하는 조직이다 보니
내규보다 분위기를 더 중요하게 여기곤 합니다. 자칫 잘못해서
회사 전체를 '월급 외 수익을 만들자!' 판으로 만들면 곤란해질
수 있습니다. 입이 근질거리겠지만 그냥 조용히 돈을 버세요. 또
한 수익이 커지면 시기하는 동료들도 생겨날 겁니다. 그럼 정말
피곤해져요. 가급적 비밀로 합시다(수익이 발생해서 자랑하고 싶다
면 제게 하세요!).

지금 다니는 회사의 분위기가 보수적일 뿐만 아니라 겸직을
강력하게 통제하고 있다고요? 그렇다면 블로그 같은 플랫폼에
서 수익을 창출하지 않는 형태로 일단 구독자만이라도 모아두
는 걸 추천합니다.

완벽한 퇴사를 위한 네 가지 점검 사항

다시 제 이야기로 돌아와서, 회사 생활과 유튜브를 병행하면
서 제 수입은 점점 늘어났습니다. 거기에 책까지 계약하면서 이
미 부수입이 월급을 넘어선 지 오래였죠. 월급의 두세 배에 다다

르고 있었습니다.

이제 새롭게 도약할 때였습니다. 그러지 않으면 영원히 이 안에 갇혀버릴 것 같은 마음이 들었죠. 저는 퇴사를 다시 고민했습니다. 하지만 이번에는 좀 더 꼼꼼하게 따져 몇 가지 기준을 만들었어요. 그 네 가지 기준을 소개하겠습니다.

1. 최근 4개월 이상 부수입이 월급보다 많았고 향후 4개월간 이 수입이 지속될 수 있는가?

꾸준한 수입은 당연히 필수입니다. 마케팅 전문가 개리 베이너척 Gary Vaynerchuk은 '현금은 공기와 같다'고 이야기하기도 했죠. 꾸준한 수입이 없으면 숨이 막혀 죽습니다. 한 번에 많은 공기가 들어오는 건 의미가 없습니다. 간혹 3~4개월짜리 프로젝트를 수주받았다고 퇴사하는 사람들이 있습니다. 물론 경력을 쌓기 위해 외주를 받는 것도 좋지만 프로젝트가 끝나고 나서 뭘로 돈을 벌어야 할지 고민이 든다면 퇴사는 미뤄두세요.

2. 두려움을 변화의 신호로 받아들일 수 있는가?

회사 밖은 그야말로 정글입니다. 불확실한 상황의 연속이죠. 프리랜서로 평정심을 유지하기는 꽤나 어렵습니다. 특히 다루기 힘든 감정이 두려움입니다. '망하면 어떡하지?', '돈을 못 벌면 어떡하지?' 같은 생각이 밀려옵니다. 하지만 바로 그 지점에서 변화가 시작됩니다. '강의가 안 팔리면 어떡하지?'라는 두려움을 '그러면 강의뿐만 아니라 블로그도 해야겠다'는 생각으로 바꿔야 합니다. 두려움을 변화의 신호로 치환할 수 있을 때 살아남을 겁니다.

3. 6개월 이상 버틸 만큼 생활비를 모아뒀는가?

퇴사 후의 삶은 조급함과의 싸움입니다. 월급을 꼬박꼬박 받던 직장 생활과는 달리 수입이 상당히 들쑥날쑥할 수밖에 없으며 이를 안정적으로 만들기까지 오랜 시간이 걸립니다. 수입원 자체가 흔들리는 경우도 많기 때문에 몇 달은 돈을 벌지 않아도 괜찮을 정도로 모아두고 시작해야 합니다. 돈이 없어 마음이 조급해지면 좋지 않은 판단을 하게 됩니다.

4. 선택한 분야에 희생할 준비가 됐는가?

N잡을 시작하고 읽는 책, 생각, 대화 주제까지 제 모든 에너지는 한동안 월급 외 수익 만들기와 그걸 효과적으로 소개하는 방법에 집중됐습니다. 생각을 끄는 스위치가 없다고 느껴질 정도였죠. 퇴사를 결심하기 전날 밤 이렇게 생각했습니다. '와, 나보다 실력이 좋은 사람은 많겠지만 나만큼 이 주제를 고민하는 사람

은 적을 것 같은데?'

프리랜서의 단점은 퇴근이 없다는 겁니다. 여가 시간, 휴일, 주말 모두 헌신해야 할 수도 있습니다. 회사에서 일하는 시간보다 선택한 일을 하는 시간이 더 고통스러우면 의미가 없겠죠. 단순히 그 일에 흥미를 느끼는 정도가 아니라 그 일을 더 잘하기 위해서 시간과 에너지를 희생할 각오를 해야 합니다.

제가 이런 네 가지 조건을 이야기하면 사람들은 퇴사할 마음이 싹 사라진다고 말합니다. 어떤 일을 하기로 결심했든 퇴사 자체가 목표가 돼서는 안 됩니다. 퇴사를 목적지로 삼으면 직장 생활이 괴로워집니다.

하지만 기죽을 필요는 없습니다. 이 책을 읽고 조금씩 실천해 월급 외 수익을 10만 원이라도 벌었다면 삶에 큰 전환점이 세워질 겁니다. 10만 원을 벌면 50만 원을 버는 방법이 눈에 띌 겁니다. 그리고 50만 원을 벌면 100만 원 버는 법이 보일 거고요. 100만 원을 벌면 300만 원을, 300만 원을 벌면 500만 원을 버는 방법을 알게 될 거라고 확신합니다.

이 책의 목표는 퇴사가 아니라 월급에 의존하는 삶에서 벗어나는 겁니다. 느려도 꾸준히 수익을 낼 수 있는 방법을 적은 무식한 책이죠. 배수의 진 치지 마세요. 직장은 소중합니다. 꾸준한 수입은 마음을 편하게 만들어줍니다. 직장이 없다면 아르바이트라도 하면서 고정 수입을 만들어두세요. 이 나이에 아르바이트냐고요? 뭐 어때요. 그 외 시간에는 인생을 제대로 살고 있는 걸요.

당신은 엘론 머스크Elon Musk도, 스티브 잡스도 아닙니다. 지금 당장 일확천금을 번다 해도 그 성공을 감당할 그릇이 없을 겁니다. 현실적으로 천천히 접근해야 합니다. 월급에 의존하지 않는 삶이 지속되면 자연스럽게 퇴사할 수 있습니다. 저는 회사를 그만둘 때 동료들의 축복을 받았습니다. "부의 추월차선 탑승을 축하합니다"라고 적힌 롤링페이퍼와 함께요. 누구 하나 걱정하지 않았습니다. 이런 시점에 퇴사해야 합니다.

이때 한 가지 주의할 점이 있습니다. 간혹 다시는 안 볼 사이라며 욕을 한 바가지 퍼붓거나, 조롱에 가까운 퇴사짤을 보내는 등 소위 말해 깽판을 치고 퇴사하는 경우가 있습니다. 부디 더럽고 치사해도 이런 짓은 참으세요.

퇴사 이후의 삶에서도 전 직장의 영향을 직접적, 간접적으로 받는 경우가 많습니다. 특히 동종 업계에서 일을 시작하면 클라이언트로 다시 만나는 경우도 있어요. 가능하다면 좋은 평판을 유지한 채 퇴사하는 게 좋습니다. 굳이 적을 만들 필요는 없습니다. 세상은 생각보다 좁거든요.

1,000만 원을 벌고 나서 느낀 점

그렇게 퇴사를 하고 PDF 전자책과 강의를 팔고 유튜브 채널을 운영하고 컨설팅과 광고를 하다 보니 어느덧 제 월수입은 1,000만 원을 돌파했습니다. 누군가에게는 적은 돈일 수도 있지만 자본금도 없이 시작했으니 나쁘지 않은 성과죠. 이 과정을 통해 제가 얻은 가장 큰 성과는 바로 자신감입니다.

월 200만 원 남짓 벌 때는 '1,000만 원을 벌려면 지금보다 다섯 배나 더 힘들게 일해야 한다고? 어휴, 난 못 해'라고 생각했습니다. 하지만 막상 월 1,000만 원을 벌어보니 200만 원을 벌 때보다 더 편했습니다. 시간과 돈을 일대일로 교환했다면 힘들었겠지만 머니 파이프라인 여러 개를 서로 연결시키니 오히려 여유로웠습니다. 수익은 선형적으로 증가하지 않는다는 것도 깨달았습니다.

여기까지가 제 이야기입니다. 이제부터는 월급 외 수익을 만드는 구체적인 방법을 소개하겠습니다. 이 책에 나오는 내용이 모든 인생에 정답으로 작용하지 않을 수 있습니다. 하지만 당신이 생각하는 목표에 근접하게 만들어줄 거라고 확신합니다. 이 방법을 습득하면서 자기만의 노하우를 쌓아가길 바랍니다.

월급 외 수익을 만드는 지식을 발견하라

지식이
돈이 되는 원리

내가 알고 있는 모든 지식이 돈이 된다

이쯤 되면 제가 구체적으로 어떤 방법으로 돈을 벌었는지 궁금할 겁니다. 이제부터 본격적으로 이야기하겠습니다.

제가 수익을 창출하는 방법은 소위 말하는 지식 창업을 바탕으로 구성돼 있습니다. 유튜브, PDF 전자책, 오프라인 강의, 온라인 강의, 출간, 블로그 등으로 나의 지식을 공유해 수익을 만들어내는 겁니다. 앞으로 이것들을 합쳐서 '지식 콘텐츠'라고 부르도록 하겠습니다.

'지식'이라는 단어 때문에 벌써부터 부담스러워할 필요 없습니다. 지식 창업에 학위나 자격증이 꼭 필요한 건 아니니까요. 당신이 알고 있는 모든 게 지식입니다. '노하우'라는 단어로 대체해도 될 것 같군요.

누구나 살아가면서 나름의 노하우를 축적합니다. 이직 잘하는 방법, 토익 점수 올리는 방법, 쇼핑몰 운영하는 방법, 영상 편집하는 방법, 말 잘하는 방법, 경매로 돈을 버는 방법…. 그 노하우를 서랍 깊은 곳에 그냥 넣어둘 수도 있지만 가공해 수익을 낼 수도 있습니다. 그런 지식을 세상에 공유하지 않는 건 돈을 그냥 묵혀두는 것과 다름없겠죠? 자, 그럼 지식이 어떻게 돈이 되는지 구체적으로 살펴보자고요.

세상은 문제를 겪고 있는 사람과
그걸 해결할 사람으로 가득 찼다

예를 하나 들어보겠습니다. 당신이 회사에서 해외 클라이언트와 이메일로 소통하는 업무를 맡게 됐다고 가정해봅시다. 전화로 대화하는 것도 아닙니다. 그저 영어로 이메일만 보내면 됩니다. 그 일을 잘 해내기만 하면 인사고과에서 좋은 점수를 얻어 승진도 하고 연봉도 1,000만 원 이상 오를 겁니다. 그러나 불행히도 당신은 영어를 잘 못합니다. 설상가상으로 준비할 시간이 2개월밖에 없습니다. 이제 어떻게 할 건가요?

이때 운이 좋게도 이 소식을 전해들은 친구가 당신에게 영어로 이메일 작성하는 방법을 가르쳐줄 사람이 있다며 A를 소개시켜줍니다. A는 영문학과 출신도 아니고 해외 유학 경험도 없고 회화도 못하지만 회사에서 2년간 해외 클라이언트와 영어로 이메일을 주고받은 경험이 있습니다.

당신은 일주일에 한 번씩 8주간 A를 만나 영어 이메일 쓰기를 코칭받았습니다. 문장의 5형식이니 뭐니 하는 이론에 시간을 쏟기보다는 이메일 소통에 필요한 실용적인 정보 위주로 공부했죠. A는 당신에게 모르는 표현이 등장할 때 참고하면 좋은 사이트 목록도 알려줬습니다. 회사에서 일하며 쌓은 노하우를 PDF 파일로 정리해 보내줬고요. 당신은 그 대가로 A에게 50만 원을 지불했습니다. 그리고 결국 업무를 완벽하게 해내 승진하고 연봉을 1,000만 원이나 올렸습니다.

또 한 가지 예를 들겠습니다. 온라인으로 가방을 팔고 있는 당신은 인스타그램에서 광고를 집행하고 싶었습니다. 그러나 어떻게 해야 하는지 전혀 알지 못했습니다. 그와 관련된 온라인 강의를 찾아봤습니다. 당신이 원하는 정보는 인스타그램 광고 세팅 방법이었지만 시중에 있는 온라인 강의는 SNS 전반에 걸쳐서 광고 기술을 알려주는 강의뿐이었고 가격 또한 30만 원으로 매우 비쌌습니다.

이 소식을 들은 당신의 친구는 B라는 사람을 소개시켜줬습니다. B는 온라인 홍보 회사에서 인턴으로 3개월째 근무 중입니다. SNS 광고 경험이 많지는 않지만 회사에서 인스타그램 광고 업무를 맡고 있어서 당신이 원하는 정보를 가르쳐주는 데에는 큰 어려움이 없었습니다.

당신은 B에게 노하우를 배우기로 했습니다. B가 지방에 살고 있어서 수업은 화상회의 앱을 이용해 진행했으며 세 시간 동안 인스타그램 광고 세팅 방법을 배웠습니다. 그 대가로 10만 원을 지불했고 인스타그램 광고를 통해 당신이 운영하는 쇼핑몰 매출이 두 배 이상 증가했습니다.

이렇게 세상은 뭔가를 배우고 싶은 사람과 그걸 가르쳐줄 수 있는 사람으로 가득 차 있습니다. 그리고 그들을 연결시켜주는 플랫폼도 여럿 등장했습니다. 사람들은 자신의 삶을 개선할 수 있는 지식을 실제로 돈 주고 삽니다.

생소한 시장이라고 생각하나요? 아닙니다. 이미 우리는 지식을 사고파는 행위에 익숙합니다. 서점을 떠올려보세요. 자신의 지식을 파는 작가와 그 지식을 사는 독자들이 존재합니다. 그 수단이 온라인 강의나 PDF 전자책으로 바뀌었을 뿐입니다.

과거에는 뭔가를 배우려면 책을 읽거나 학원, 학교를 다녀야 만 했습니다. 그러다 보니 지식을 전달하려면 전문 경력이나 학 위를 가져야 했습니다. 일종의 참가 자격이었죠. 그러나 판매자 와 소비자를 직접 연결시켜주는 플랫폼이 대거 등장하면서 누 구나 자신의 지식을 판매할 수 있게 됐습니다. 또한 소비자는 원 하지 않는 커리큘럼을 참고 들을 필요도 없이 당장 필요한 지식 만 합리적으로 구매할 수 있게 됐습니다.

나는 누구를 가르쳐줄 만한 사람은 아닌데…

'전문가도 아닌데 내가 어떻게 강의를 하고 책을 쓰나'라는 생 각이 들 수 있습니다. 아마 대부분 그럴 거예요. 하지만 이 이야 기를 듣고 나면 생각이 조금 달라질 겁니다.

제 주변에는 취미로 사진을 5년 동안 찍어온 C라는 지인이 있 습니다. C는 스마트폰 하나로 인스타그램 감성의 사진을 척척 찍 어내는데, 그중에서도 특히 인물 사진을 잘 찍었습니다. 자신만 의 보정 기술도 있었습니다.

C의 사진을 보며 감탄한 저는 돈을 주고서라도 그에게 인물

사진 찍는 방법을 배우고 싶었습니다. 가족 여행을 앞두고 있었기 때문입니다. 저는 스마트폰으로 인물 사진 찍는 강의를 해보라고 제안했습니다. 그러나 C는 "내가 무슨 전문가도 아닌데 강의를 해. 나중에 생각해볼게"라고 대답했습니다.

일반인인 제가 보기에 C는 영락없는 전문가였습니다. 그는 모두가 잘한다고 인정하는 사진 분야에서는 1원의 수익도 만들지 못하고 회사에서 매일 열 시간을 일하며 바쁘게 살아가고 있습니다.

흔히 사람들은 자격증 또는 학위가 전문성을 증명한다고 생각합니다. 그래서 스스로 누군가를 가르칠 자격이 없다고 속단하죠. 그러나 지식 창업의 세계에서 전문성은 내가 증명하는 게 아니라 소비자가 부여하는 겁니다. 전문성을 객관적인 개념이라 생각하겠지만 사실 이것은 상대적인 개념입니다. 다른 사람에게 내가 잘하는 걸 가르칠 수만 있다면 누구나 지식으로 수익을 낼 수 있습니다.

지식의 깊이에 따라 사람은 네 가지 유형으로 나눠집니다.

1. 초보자

초보자는 삶의 질을 높이기 위해 혹은 당장 겪고 있는 문제를 해결하기 위해 뭔가를 배우고자 합니다. 제가 사진을 배우고 싶었던 것처럼 말입니다. 이들은 돈을 지불하더라도 자신의 호기심이나 문제를 해결해줄 사람을 찾습니다. 이들이 추구하는 지식은 대부분 대중적이고 하루면 배울 수 있는 수준입니다.

2. 입문자

입문자는 경험에서 초보자보다 1~2년 정도 앞서 있으며 초보자들이 겪고 있는 문제를 한때 체험한 사람들입니다. 앎 자체는 아직 낮은 수준이지만 초보자에게 기초적인 가이드라인을 제공해줄 수 있습니다. 초보자가 직면한 문제는 입문자 수준에서 해결되며 우리가 목표하는 계층입니다.

3. 숙련자

숙련자는 학위나 자격증은 없지만 입문자보다 더 경험과 지식이 풍부한 사람들입니다. 3년 차 이상 현업 종사자도 이에 해당됩니다. 초보자와 입문자들이 겪는 문제의 대부분을 해결할 능력을 갖고 있습니다.

4. 전문가

전문가는 관련 학위를 갖고 있거나 해당 분야에 오래 종사한 사람들입니다. 경력은 최소 5년이며 보통 10년 차 이상이 많습니다. 이들은 해당 분야의 굵직한 프로젝트를 진행한 경험이 있습니다. 초보자들이 처한 문제를 쉽게 해결하며 숙련자의 고민까지 해결해줄 수 있는 능력을 갖고 있습니다. 예를 들어 사진학과를 졸업하고 스튜디오를 운영하는 전문 포토그래퍼가 이에 해당됩니다.

지식의 깊이에 따라 세상에는 이렇게 네 가지 유형의 사람들이 있습니다. 수로 따지자면 초보자가 가장 많고 전문가가 가장 적습니다. 이걸 그림으로 보자면 피라미드가 그려질 겁니다.

그림1. 지식의 네 가지 유형

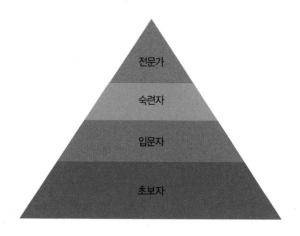

자, 그럼 초보자들이 뭔가를 배우고 싶다면 누구에게 도움을 요청할까요? 물론 주제에 따라 전문가를 선호하는 경우도 있을 겁니다. 하지만 초보자의 문제는 대부분 입문자 선에서 해결됩니다. 포토샵의 기본적인 사용법을 꼭 경력 10년 이상 팀장급 그래픽 디자이너에게 배워야 할까요? 그럴 필요는 없습니다. 디자인과 학생에게 과외를 받아도 문제는 해결됩니다. 닭 잡는 데 소 잡는 칼을 사야 할 필요는 없습니다.

한 가지 예를 더 들어보겠습니다. 만약 온라인 쇼핑몰 부업으로 월 50만 원을 벌고 싶다고 가정해봅시다.

- 회사를 다니며 혼자 쇼핑몰을 운영해 월급 외 소득으로 매달 150만 원을 버는 D
- 직원 열 명 규모의 쇼핑몰을 운영해 매달 3,000만 원을 버는 E

당신이 실질적인 도움을 받을 수 있는 사람은 누구일까요? 아마 D일 겁니다. 하지만 사람들은 대부분 D에게 조언을 받아도 괜찮다고 생각하면서도 E와 같은 수준의 전문가가 돼야 강의를 할 수 있다고 생각합니다.

여전히 '나보다 뛰어난 사람이 얼마나 많은데…'라고 생각할 수 있습니다. 물론 당신보다 전문적이고 뛰어난 사람은 많습니다. 하지만 그렇게 따지면 주식 강의는 워런 버핏Warren Buffett 말고는 아무도 하지 말아야 하고 보컬 강의는 박효신 말고는 하지 말아야 합니다.

오히려 전문가가 아닌 게 강점이 될 수도 있습니다. 배우는 사람 입장에서 자신은 초보자인데 뛰어난 전문가에게 배워야 한다고 생각하면 부담스러울 테니까요. '저만큼 공부해야 한다고? 나는 아무것도 아는 게 없는데…' 하고 주저할 수도 있죠. 하지만 입문자에게 배울 때는 다릅니다. '저 사람도 평범했는데 저렇게 됐네? 나도 할 수 있겠다!'라는 마음을 가질 수 있습니다.

입문자는 초보자가 무엇을 궁금해하는지 잘 압니다. 전문가는 뭔가를 가르칠 때 당연히 알 거라 생각하고 넘어가는 내용이 많습니다. 이를 '전문가의 맹점'Expert Blind Spot이라고도 부르는데 전문가가 초보자 시절 몰랐던 부분을 지식이 쌓이면서 잊어버리는 현상을 말합니다.

예컨대 저는 비전공자임에도 불구하고 디자인 강의를 했습니다. 오히려 그 덕에 수강생들의 고민과 궁금증을 누구보다 잘 알았습니다. 그들이 궁금해하는 건 디자인 이론이 아니라 그럴싸해 보이는 결과물을 만드는 방법이었습니다. 이러한 점을 강의에 모두 녹여냈고 만족도도 높았습니다.

학위, 자격증, 경력을 쌓지 말라는 이야기가 아닙니다. 물론 그런 게 있으면 강의의 질이 높아지고 몸값도 계속 오르겠죠. 하지만 지금 당신이 하려는 강의에 정말로 학위, 자격증이 필요한지 한 번쯤 생각해봤으면 합니다. 눈을 위가 아닌 아래로 돌리세요. 스스로 자격이 없다고 생각하는 이유는 어쩌면 새로운 일에 대한 두려움 때문일지도 모릅니다.

한 단계 낮게 일단 시작하라

제작자의 학력이 높고 경력이 오래 됐다고 해서 지식 콘텐츠가 잘 팔리는 게 아닙니다. 결국 지식 콘텐츠도 상품이기에 수요가 많을수록 판매가 잘됩니다.

그럼 어떤 수준의 사람들이 지식 콘텐츠를 가장 많이 찾을까요? 그 수요는 초보자의 영역에 집중돼 있습니다. '스마트 스토어로 월 100만 원 버는 방법'을 알고 싶은 사람이 많을까요, '스마트 스토어 매출 1억 원에서 10억 원으로 올리는 방법'을 알고 싶은 사람이 많을까요? 당연히 전자입니다.

물론 수요가 적어지는 전문가의 영역으로 갈수록 지식 콘텐츠의 가격이 더 비싸질 겁니다. 하지만 초보 제작자가 지금 당장 그 시장에 진입하기에는 무리가 따릅니다. 그러니 우선 그것보다 낮은 단계의 수업을 먼저 해봤으면 합니다. 예를 들어 '주식으로 1,000만 원 벌기'를 강의하기로 계획했다면 그보다 낮은 단계인 '주식으로 30만 원 벌기'부터 시작해보는 겁니다. 당신이 예상한 것보다 한 단계 쉬운 강의를 진행하면서 문제점을 발견하고 개선해보세요. 그다음 단계를 높이면 됩니다.

강의든 전자책이든 준비 기간이 오래 걸리면 안 됩니다. 저는 결심하고 최대 2개월 내에 시작해야 한다고 봅니다. 완벽한 준비는 없습니다. 강의를 하겠다고 불필요한 자격증이나 학위를 취득하려고 하지 마세요. 배우려는 사람이 있으면 수익이 창출될 겁니다. 지식 콘텐츠가 필요 있는지 없는지는 구매자들이 결정하는 거지 우리가 결정하는 게 아닙니다.

지식 창업이 직장인에게 적합한 이유

저는 지식 창업이 직장인에게 적합한 창업 모델이라고 생각합니다. 그 이유로 네 가지가 있습니다.

첫째, 리스크가 거의 없습니다. 직장인이라면 한 번쯤 창업을 고민한 적이 있을 겁니다. 그때 무엇을 생각해봤나요? 유튜브에서 인기 있다는 스마트 스토어? 트레바리 같은 모임 기반 창업? 여러 성공 신화를 보면서 그와 비슷한 꿈을 꿀지도 모르겠네요.

창업은 대부분 초기 자본이 많이 필요하거나 현금 흐름이 원활하지 않은 경우가 많습니다. 그러나 지식 창업은 그렇지 않습니다. 초기 자본 없이 지식만 있으면 누구나 시작할 수 있습니다. 나만의 노하우를 바탕으로 강의를 만들거나 PDF 전자책을 만들면 창업 준비는 절반 이상 끝났다고 볼 수 있습니다.

둘째, 지식 창업은 실패해도 큰 타격을 입지 않습니다. 예를 들어 한 달 동안 하루에 두 시간씩 책을 읽고 공부하며 강의 자료를 만들었다고 가정해보겠습니다. 그런데 아무도 내 강의를 구입하지 않는다면? 실패했다고 볼 수 있겠죠. 그래도 잃는 게 없습니다. 쇼핑몰이 망하면 재고를 정리해야 하고 카페를 폐업하면 설비를 처분해야 하죠. 그러나 강의안은 언제든 수정해 재사용이 가능합니다. 또한 누군가를 가르치기 위해 습득한 지식은 오래 기억에 남기 때문에 쉽게 사라지지 않습니다.

셋째, 생산성이 높습니다. 사실 어떻게 보면 월급 외 100만 원을 만드는 일은 간단합니다. 퇴근 후 전단지를 돌리거나 대리운전을 하거나 식당에서 아르바이트를 하면 됩니다. 이렇게 열심히 일하는 것도 칭찬받아 마땅하지만 한계가 있습니다. 시간과 돈을 등가 교환 해야 하기 때문이죠. 반면 지식 창업은 시간이 지날수록 생산성이 높아집니다.

예컨대 강의안을 처음 만들 때 100시간이 걸렸다고 가정해보겠습니다. 첫 수업을 마치고 두 번째 수업을 준비하려면 똑같이 100시간을 할애해야 할까요? 아니죠. 강의안을 약간 수정하는 데 한두 시간 정도 필요할지 몰라도 다시 100시간이 걸리진 않습니다. 가수가 공연할 때마다 노래를 새로 만드는 게 아닌 것처럼 말이죠.

지식 창업은 J 커브를 그리는 것과 같습니다. 처음에는 노력 대비 수익이 적을지 몰라도 지식 콘텐츠가 완성된 후 수익은 폭발적으로 증가할 수 있습니다. 특히 PDF 전자책의 경우 생산성이 압도적입니다. 손익분기점(PDF 전자책을 만드는 데 들어간 노동력과 시간)을 지나면 순수익만 남기 때문이죠. 강의 역시 마찬가지입니다. 꾸준히 강의해 평판이 좋아지면 기업에서 강의 요청이 쏟아질 수 있습니다. 그러면 원래 가지고 있던 강의안으로 강의료를 적게는 30만 원, 많게는 수백만 원 받을 수 있습니다.

출판사에서 출간을 제안받을 수도 있습니다. 가지고 있는 강의안을 다듬어 출판하면 인세 수익을 기대할 수 있을 뿐더러 강의료 또한 상승시킬 수 있습니다. 이 단계까지 오기 위해 당신이 처음 한 일은 무엇이었나요? 100시간을 투자해 강의안을 만든 게 전부입니다.

그림2. 지식 창업의 생산성 그래프

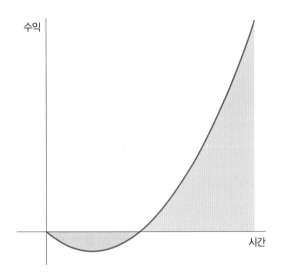

생산성이 낮은 일은 시간과 돈을 일대일로 교환합니다. 한 시간 일하면 최저 시급 8,590원을 받는 것처럼 말이죠. 8만 5,900원을 벌려면 열 시간을 일해야 하고 85만 9,000원을 벌려면 100시간을 일해야 합니다. 아마 건강까지 뺏길지 모릅니다. 이런 일은 직장 생활로 족합니다.

마지막으로 지식 창업은 시간과 공간에 구애받지 않습니다. 현실적으로 회사에 다니면서 창업에 얼마큼 시간을 투자할 수 있을까요? 쇼핑몰을 운영한다고 가정해볼게요. 여섯 시 정각에 퇴근한다고 쳐도 자기 전까지 제품 포장, 고객 관리, 배송, 신상품 등록 등 모든 과정을 혼자서 다 할 수 있나요? 그렇다고 직원을 고용하면 이들을 관리해야 할 뿐만 아니라 인건비가 부담스러울 겁니다. 이렇게 창업은 대부분 직장인이 소화하기에 어려운 시스템을 갖추고 있습니다.

하지만 지식 창업은 그렇지 않죠. 노트북을 가지고 다니면서 근처 카페에서 강의안을 다듬고 퇴근 후에는 두 시간 정도 강의를 하면 됩니다. 사무실이나 매장에 방문해야 할 필요가 없습니다. 실제로 저는 모든 강의를 평일 오후 일곱 시 삼십 분에 진행하고 오전에는 다른 일을 했어요.

PDF 전자책 사업은 특히나 시간과 장소에 더욱 구애받지 않습니다. PDF 전자책을 제작해 플랫폼에 올려두면 따로 뭔가를 할 필요 없이 출퇴근 시간, 식사 시간에도 화장실, 회의실에서도 수익을 낼 수 있습니다.

돈 되는 지식의
다섯 가지 유형

사람들의 욕구에 집중하면 돈이 보인다

그럼 도대체 어떤 지식을 팔아야 돈을 벌까요? 앞서 세상은 문제를 해결하고 싶은 사람과 그걸 해결해줄 수 있는 사람으로 가득 찼다고 이야기했습니다. 이처럼 모든 인간은 자신의 삶이 더 나은 방향으로 개선되기를 희망합니다. 바로 이 욕구가 무엇을 가리키고 있는지를 관찰하면 돈이 될 지식이 보이죠. 이 유형을 크게 다섯 가지로 분류해봤습니다.

1. 돈을 더 벌게 하는 지식

첫 번째 유형은 돈 버는 방법을 알려주는 지식입니다. 돈을 벌지 않고 싶은 사람은 없습니다. 이런 지식의 시장은 어마어마하게 큽니다. 다음과 같은 예가 있죠.

돈 버는 방법을 알려주는 지식 콘텐츠

- 월급 외 수익을 100만 원 만드는 방법
- 연봉 20퍼센트 이상 올리는 4단계 협상법
- 구매 전환율을 높이는 광고 카피 작성법
- 직장에 다니면서 이모티콘으로 월 1,000만 원 버는 방법
- 연봉 3,000만 원 직장인이 경매로 월 30만 원 더 버는 방법
- 구독자 5,000명 유튜브 채널로 수익 내는 일곱 가지 방법
- 블로그 마케팅으로 매출 세 배 올리는 방법
- 인스타그램으로 물건 팔아 월 50만 원 버는 방법
- 자판기로 월 150만 원 고정 수입 만드는 방법
- 스마트 스토어로 재고 없이 월 30만 원 버는 방법
- 제휴 마케팅으로 50만 원 월급 외 수익 만드는 방법
- 방문자 수가 적어도 블로그 체험단으로 뽑히는 방법
- 퇴사하고 가죽 공방 차려서 월 200만 원 버는 방법
- 내 돈을 아껴주는 종합소득세 줄이기

이 시장에 진입할 때 기억해야 할 점은 반드시 돈을 많이 번 노하우를 판매할 필요가 없다는 겁니다. 월 50만 원이라도 벌었다면 그 방법을 공개해보세요. 반응이 있을 겁니다.

'고작 50만 원이라니?'라고 생각할 수도 있습니다. 하지만 이 세상에는 사업으로 1,000만 원 벌고자 하는 사람보다 회사 다니면서 50만 원이라도 더 벌고 싶은 사람이 더 많습니다. 1,000만 원은 너무 다른 세상 이야기 같으니까요. 저 또한 100만 원 버는 방법을 알려주고 1,000만 원을 벌었습니다.

단, 정직한 노하우를 판매해야 한다는 걸 잊지 마세요. 정직의 기준은 '지금 다시 시작해도 성공할 수 있는가'입니다. 우연한 기회로 돈을 번 게 아니어야 한다는 뜻이죠. 누군가 당신의 노하우를 배우고 성실하게 수행해서 실제로 수익이 나야 합니다. 저도 항상 조심하는 지점입니다. 제게 한정된 방법이 아닐까 하고 말이죠.

나아가 '보장'이라는 단어를 조심하세요. '이 강의만 들으면 무조건 얼마를 벌 수 있어요!', '월 1,000만 원 보장!'과 같은 표현은 지양해야 합니다.

2. 일을 더 잘하게 만드는 지식

누구에게나 직장에서 성과를 거두고 인정받고 싶은 욕구가 있습니다. 그리고 가능한 시행착오 없이 그런 결과를 내고 싶어 하죠. 이 욕구를 충족시켜주는 지식이 바로 두 번째 유형입니다. 이 유형의 구체적인 예시는 다음과 같습니다.

업무 능력을 향상시키는 지식 콘텐츠

- 회의에서 분위기 압도하는 방법
- 한 번에 컨펌받는 디자인 커뮤니케이션 노하우
- 일의 생산성을 높여주는 에버노트 사용법
- 무스펙으로 승무원 취업하는 방법
- 4주 만에 비즈니스 영어 왕초보 탈출하는 방법
- 가독성을 높이는 보고서 작성 방법
- 발표할 때 떨지 않고 내 생각을 전달하는 방법
- 심플하지만 화려한 UI 디자인 클래스
- 마우스는 내려놓으세요. 키보드로만 엑셀 하는 고수되기
- 10년 차 광고인이 알려주는 PPT 디자인
- 구글 스프레드시트로 일의 효율 늘리는 방법

이러한 지식은 생업과 연관된 경우가 많습니다. 그러다 보니 이 유형의 소비자들은 당장 문제를 해결하고 싶어 합니다.

부업으로 이 유형의 지식 창업을 하는 것에는 장점이 있습니

다. 바로 지식 콘텐츠를 제작할수록 내 본업을 더 잘하게 된다는 겁니다. 예를 들어 주 1회 이상 발표하는 일을 맡고 있고 이 일을 통해 배운 노하우를 '발표 잘하는 법' 강의로 판매한다고 가정해 봅시다. 지식 콘텐츠를 잘 팔려면 발표하는 방법에 대해 더 연구하고 공부할 수밖에 없겠죠. 그러면 자연스럽게 회사에서도 좋은 성과를 거둘 겁니다.

3. 외모를 더 향상시키는 지식

사람들이 외모를 가꾸는 일에 관심이 많다는 건 굳이 설명하지 않아도 알죠? 이 유형의 구체적인 사례는 다음과 같습니다.

외모를 가꿔주는 지식 콘텐츠

- 집에서 셀프로 속눈썹 연장 노하우
- 진짜 내 목소리를 찾는 방법
- 메이크업으로 입체적인 얼굴 만들기
- 사람들이 편안함을 느끼는 발성법
- 각진 얼굴을 부드럽게 만들어주는 마사지법
- 마른 체형을 탈출시켜주는 하루 네 끼 식단
- 예쁜 하체 라인을 위한 30분 홈 트레이닝 루틴
- 집에서도 자연스럽게, 셀프 눈썹 문신

- 가장 예쁜 옷은 나에게 맞는 옷이다! 퍼스널 컬러 코칭
- 소개팅을 앞둔 남자라면 들어야 할 센스 있는 코디법
- 내 얼굴형에 맞는 머리는? 헤어 스타일링 코칭
- 체형을 바로 잡아주는 자세 교정 홈 트레이닝

재능 공유 플랫폼이 대중화되기 전에는 외모에 투자하려면 비싼 비용을 지불하고 전문가를 찾아가야 했습니다. 하지만 지금은 입문자도 초보자를 가르칠 수 있는 환경이 됐습니다. 과거 고가였던 퍼스널 컬러 코칭을 이렇게 쉽게 받게 될 줄 누가 알았을까요?

4. 즐거움을 주는 지식

네 번째 유형은 삶을 즐겁게 만드는 지식입니다. 누구나 살면서 '이거 한번 해보고 싶다!' 하는 게 있잖아요? 이런 취미 관련 지식 콘텐츠가 이 유형에 속합니다.

즐거움을 주는 지식 콘텐츠

- 아이돌 보컬 트레이너에게 배우는 보컬 클래스
- 똥손도 만들 수 있는 힐링 종이 공예 클래스
- 언젠가 그림을 배우려고 했다면? 인물화 드로잉 클래스

- 두 시간 만에 한 곡 마스터하는 K POP 댄스
- 인스타그램 감성 여행 사진 찍는 방법
- 어서 와, 우쿨렐레는 처음이지? 두 시간 만에 한 곡 완성
- 작곡 몰라도 괜찮아요. 하루 만에 컴퓨터로 작곡하기
- 아무것도 몰라도 배우는 스페인어

이 유형의 특징은 전공자들이 가르치는 경우가 많다는 겁니다. 그래서 전문가의 맹점 때문에 종종 난이도 조절에 실패하기도 합니다. 초보자가 따라 하기 너무 어려우면 지식 콘텐츠가 잘 팔리지 않겠죠?

만약 전공 분야를 가르치기로 결정했다면 난이도를 확 낮추고 수업이 끝났을 때 결과물이 남도록 강의를 구성하는 게 좋습니다. 한 곡이 완성된다든가, 작품이 하나 생긴다든가요. 즐거움에는 형태가 없기 때문에 눈에 보이는 결과가 있어야 '아, 오늘 수업에서 이거 했구나' 하고 수강생이 만족할 수 있습니다.

5. 삶을 더 나은 방향으로 만들어주는 지식

다섯 번째 유형은 불안, 두려움, 상처 등 고민이나 고통을 덜어주거나 행복한 삶을 살 수 있게 만들어주는 지식을 말합니다. 이 유형의 구체적인 예는 다음과 같습니다.

삶을 더 낫게 만드는 지식 콘텐츠

- 상처받는 연애는 그만! 건강한 연애를 위한 심리 상담
- 문학적 글쓰기를 통한 내면 치유 방법
- 행복한 부부의 하루 10분 소통법
- 내 아이를 자존감 높은 아이로 키워주는 놀이법
- 내면의 아이를 발견하는 명상 클래스
- 지식 습득 속도를 세 배 늘려주는 독서 습관 만들기
- 호주 이민자가 알려주는 영주권 취득 노하우
- 과거의 나쁜 기억에서 벗어나게 하는 네 가지 심리학 팁
- 고시원 같은 원룸을 카페처럼 만드는 집 꾸미기 노하우
- 복잡한 방은 복잡한 생각을 불러온다! 방 정리 노하우

이 유형에는 여러 분야의 지식 콘텐츠가 포함될 수 있습니다. 지인들이 즐거워하거나 행복해하는 순간들을 잘 포착해두면 지식 창업을 구상하는 데 도움이 될 수 있습니다.

서점에 힌트가 있다

여기까지 읽고도 감이 잘 안 온다면 당장 서점으로 달려가세

요. 아, 그럴 필요도 없습니다. 그냥 지금 인터넷 서점에 들어가서 카테고리를 살펴보세요. 수많은 유형의 지식이 담긴 책들이 보일 겁니다.

지식 창업은 어려운 게 아닙니다. 서점 카테고리에 어떤 책이 있는지 쭉 보면서 내게 어느 분야가 적합할지 상상해보세요. 작가가 되라는 말이 아닙니다. 어떤 지식 콘텐츠를 다루는 데 관심이 있는지 알아보자는 거죠.

온라인 서점의 카테고리는 생각보다 세세하게 나눠져 있습니다. 가령 자기계발 카테고리에는 성공학, 리더십, 협상 등의 세부적인 카테고리가 존재하죠. 알라딘 서점 기준으로 자기계발 카테고리의 하위 카테고리는 아래와 같이 나옵니다.

성공 / 성공학 / 성공담 / 리더십 / 조직관리

행복론 / 인간관계 / 남녀관계 / 교양심리학 / 힐링

건강한 몸 / 마음 다스리기 / 정리·심플라이프

협상 / 설득 / 화술 / 프레젠테이션 / 회의

기획 / 보고 / 시간관리 / 정보관리 / 창의적사고

두뇌계발 / 취업 / 진로 / 유망직업 / 해외취업

이민 / 유학·연수 / 크리에이터·1인미디어

여기서 관심 없는 주제들을 하나하나 소거해보세요. 그렇게 네 개 미만이 남으면 그 분야에 어떤 책들이 있는지 훑어보면서 지식 창업의 힌트를 얻으세요. 더 자세한 방법은 다음 챕터에서 설명하겠습니다.

먹고살 아이템을 찾는
3단계 방법

모두 다 똑같은 일을 할 필요는 없다

앞서 제가 가방 유통 사업을 했다고 이야기했죠? 판매 실적이
나쁘지 않았음에도 불구하고 그 사업을 그만둔 이유는 제게 딱
맞는 옷이 아니라는 생각 때문이었습니다. 잘할 수 있을 것 같다
는 생각도 들지 않았고요.

유통업에 가장 필요한 역량은 좋은 물건을 저렴하게 가져오는
능력입니다. 그러려면 여러 생산자와 소통해야만 하죠. 그런데
저는 사람들을 많이 만나는 걸 즐기는 성격이 아닙니다. 따라서

거래처에 갈 때 늘 마음이 무거웠죠. 매일을 억지로 견디는 그 느낌이 싫었습니다.

지식 창업을 하고 있는 지금은 전혀 그렇지 않습니다. 뭔가 창조하는 일을 좋아하기 때문에 제게 맞는 옷을 입고 있다는 느낌이 듭니다. 잠재력도 더 크게 발휘할 수 있습니다.

유튜브에서 스마트 스토어 창업 열풍이 분다고 당장 따라 배워야 할까요? 물론 아무것도 하지 않고 가만히 있는 것보다는 나은 선택이지만 모두가 같은 일을 할 필요는 없습니다. 남들이 된다는 방법을 선택하는 게 아니라 자신에게 유리한 전략을 선택해야만 합니다.

당신은 어떤 사람인가요? 무엇을 좋아하고 무엇을 잘하나요? 뜬금없는 질문처럼 느껴질 수도 있지만 어렴풋이라도 자신에 대해 이해하고 있어야 N잡 아이템을 찾기 쉽습니다. 즉, 지식 창업을 준비하는 일은 곧 나를 이해하는 과정입니다.

인생에서 자기 자신을 알아가는 것보다 의미 있는 일이 얼마나 있을까요? 저는 제가 무엇을 좋아하고 무엇을 잘하는지, 어떤 환경에서 편안함을 느끼고 잠재력을 폭발시키는지 알지 못했습니다. 하지만 여러 시행착오 끝에 제게 어울리는 일을 발견했죠. 이렇게 나를 먹여 살릴 아이템을 찾는 방법은 다음과 같습니다.

1. 큰 분야를 발견하라

나에게 적합한 지식 창업 아이템을 찾기 위해서는 먼저 큰 분야를 발견해야 합니다. 네 가지 방법을 소개할게요.

첫째, 사람들이 나에게 평소 의견을 물어보거나 칭찬하는 게 뭔지 떠올려보세요. 《제로창업》이라는 책에서도 비슷한 이야기를 합니다. 사람들이 자주 도움을 요청하는 일이 있나요? 저는 엑셀을 사용하다가 막힐 때 한 사람이 떠오릅니다. 저는 초보자고 그는 숙련자죠. 그는 늘 아니라고 하지만요. 사람들이 뭔가를 묻는 이유는 당신이 그 일을 잘하기 때문입니다.

나아가 사람들이 어떤 일을 궁금해한다는 건 그 콘텐츠에 수요가 있다는 뜻입니다. 사람들이 해결하고 싶어 하는 문제라는 거죠. 그러니 그냥 그 질문에 답해주는 걸로 끝나지 않았으면 합니다. 같은 걸 물어볼 사람이 이 세상에 수십, 수백 명은 더 있다고 생각해야 합니다. 내가 받는 질문뿐만 아니라 타인이 받는 질문도 자세히 관찰해보세요. 이런 말들을 메모해두면 지식 창업 아이디어를 떠올리는 데 도움이 됩니다.

둘째, 흥미를 갖고 1년 이상 연구할 수 있는 주제를 찾아보세요. 강의 자료를 만드는 일은 고됩니다. 집요함과 꾸준함이 필요합니다. 저 역시 하루 여덟 시간 이상 컴퓨터 앞에 앉아 아픈 허리를 두들기며 비즈니스, 마케팅 관련 강의안을 작성합니다. 그 분야에 관심이 많기 때문에 가능한 일이죠. 책을 한 달에 열 권 이상 구입해 읽을 정도입니다.

어떤 책을 많이 보고 어떤 세미나에 자주 참가하나요? 아, 책도 안 읽고 세미나도 잘 안 다닌다고요? 그럼 어디에 돈을 많이 쓰나요? 사람은 관심이 머무는 곳에 돈을 씁니다. 딱히 생각나는 게 없다면 지금부터라도 다양한 시도를 해보세요.

셋째, 직접 어려움을 해결한 분야를 찾아보세요. 이 세상에 나만 겪는 특별한 문제는 없습니다. 내가 고민하는 일은 대부분 남들도 고민하고 있습니다. 다만 표현하지 않을 뿐이죠.

마케터로 일할 때 저는 디자이너와 소통하는 데 불편함을 느꼈습니다. 작은 수정도 일일이 부탁해야 했으니 말이죠. 그래서 포토샵을 직접 배워보려 했으나 쉽지 않았습니다. 다른 방법은 없을까 고민한 경험에서 나온 결과물이 PPT로 카드뉴스 만들기 강의였습니다. 그리고 저와 비슷한 문제를 겪고 있는 사람들이 수업을 들었습니다. 내가 불편하면 남들도 불편합니다. 콤플렉스가 있나요? 지식 창업 분야에서 콤플렉스는 보석입니다. 그걸 해결하는 순간 나만의 지식 콘텐츠가 됩니다.

마지막으로 평소 배우고 싶었던 걸 떠올려봅시다. 작곡이나 수영, 춤 등 동경하던 분야 말입니다. 《백만장자 메신저》라는 책에도 나온 이야기인데 저 역시 이런 일들이 여러 개 있습니다. 그

중 하나가 일렉트로닉 기타 연주입니다. 지금은 초보자 단계지만 언젠가 강사가 될지도 모르겠네요.

내가 잘하는 것, 좋아하는 게 뭔지 잘 모르겠다면 평소 하고 싶었던 것, 배우고 싶었던 걸 지금부터 시작하세요. 물론 현재 수준은 초보자일 겁니다. 역량을 키워나가며 어떤 부분이 가장 어렵고 그걸 어떻게 해결했는지 세세하게 기록해보세요. 훌륭한 지식 창업 자료가 될 거예요. 블로그나 유튜브 채널을 운영하면 더 좋고요. 도움이 된 자료나 책들도 다 모아두세요. 입문자 수준에 이르렀을 때 그 내용을 바탕으로 누군가를 가르칠 수 있을 겁니다.

2. 완성하라

1단계에서 내가 무엇을 좋아하고 잘하는지 대충 파악했다고 칩시다. 그럼 그 주제로 간단한 지식 콘텐츠를 만들어보세요. 블로그 포스팅, 유튜브 영상, 30분짜리 짧은 강의를 제작하는 거죠. 이걸 계속 할 수 있을지 바로 감이 올 겁니다.

자, 여기 F라는 직장인이 있습니다. F는 고등학생인 동생에게 가르쳐줄 수 있는 걸 고민해 목록을 작성했습니다. 여기서 핵심은 '고등학생 동생'입니다(성인을 가르칠 걸 적어보라고 하면 대부분 아무것도 못 적더라고요).

고등학생 동생에게 가르쳐줄 수 있는 일

- 심플한 로고 디자인
- 보고서 잘 쓰는 방법
- 롱보드 타는 방법
- 여행 코스 짜기
- 비행기 티켓 싸게 사는 방법

이 중에서 하나를 골라 블로그 포스팅, 유튜브 영상, 30분 분량의 강의, 셋 중 하나를 만들어봅시다. 못 고르겠다고요? 어차피 나중에는 전부 제작하게 될 테지만 일단 가장 빨리 만들 수 있는 주제부터 시작해보세요.

저는 이걸 '한입만 먹어보기'라고 부릅니다. 처음 보는 음식이 있을 때 전부 다 먹어야 입에 맞는지 아는 건 아니잖아요? 딱 한입만 맛봐도 깨달을 수 있습니다. 이제 지식 창업을 시작하려는 사람들 중 1단계에서 주제를 정하고 2단계에서 너무 거창한 걸 완성하려다 탈이 나는 경우가 많습니다. 석사학위를 취득하려고 하거나 비싼 학원 강의를 덜컥 등록하거나 하는 거죠. 하지만 고등학생 동생에게 여행 코스 짜는 법을 알려주려고 관광학과에 진학할 필요는 없습니다.

지식 창업에서 중요한 건 지식 콘텐츠를 생산하는 일입니다.

내가 뭘 좋아하는지 알기만 하면 소용이 없어요. 뭘 할지 결정했다면 반드시 빠른 시간 내로 결과물을 내보세요. 2단계에 일주일 넘게 소요하면 안 됩니다.

3. 지속가능한지 확인하라

2단계까지 무사히 통과했나요? 그렇다면 결과물이 존재할 겁니다. 자, 그럼 그걸 1년 동안 계속 만들 수 있나요? 이 질문에 그렇다고 대답하는 게 마지막 단계입니다.

지식 콘텐츠로 돈을 벌기 위해서는 그 지식을 습득하고 있어야 할 뿐만 아니라 더욱 견고하게 발전시킬 수 있어야 합니다. 그 분야의 지식을 계속 업데이트하고 연구해야 하죠. 그런데 이 과정이 즐겁지 않다면 얼마나 힘들까요?

별로 보람도 재미도 없이 억지로 N잡을 버티고 있지는 않나요? 만약 그렇다면 뭔가 잘못되고 있다는 뜻입니다. 어떤 지식 콘텐츠로 월급 외 수익을 창출할지 결정하는 과정은 자연스러워야 합니다. 누가 봐도 그 일을 하는 게 당연하다고 생각되고 나 또한 이 일이 괴롭지 않아야 합니다. 저는 지금 '1년은 버틸 수 있을까?' 하는 생각이 전혀 들지 않습니다.

만약 곰곰이 생각해봤는데 이 일을 지속하지 못할 거라는 판단이 서면 다시 1단계로 돌아가세요. 그렇다고 아까워할 필요 없습니다. 한 번 3단계까지 와봤으니 다시 시작할 때는 좀 더 수월할 테니까요.

자기에게 맞는 옷을 입을 때 생기는 일

성공한 사업가가 되는 방법은 한 가지가 아닙니다. 다양한 이유로 부자가 될 수 있죠. 네트워크를 잘 이용했다거나 투자 심리에 능했다거나 사업 수완이 뛰어났다거나요. 마케팅 감각이 탁월했다거나 기술력이 좋았을 수도 있죠.

제가 만난 성공한 사업가들에게는 각자 다른 장점이 있었지만 공통점도 하나 있었습니다. 자신이 몸담은 분야에 굉장한 자신감이 있었다는 겁니다. '다른 건 몰라도 이 분야는 내가 좀 알지'라면서 고수의 이미지를 풍겼습니다.

다윗과 골리앗 이야기를 한 번쯤 들어봤을 겁니다. 잘 기억이 나지 않는 사람들을 위해 다시 소개하자면 이스라엘군과 블레셋군이 전쟁을 벌였습니다. 그때 블레셋군에서 골리앗이라는 장수가 나와 자신과 싸울 대표를 한 명 보내라고 도전장을 냈습니다. 아무도 나서는 이가 없는 와중에 목동 다윗이 대결을 자처했습니다. 이스라엘 왕 사울은 다윗을 군장비로 무장시켜줬습니다. 머리에는 놋투구를 씌우고 몸에는 갑옷을 입히고 허리에는 자신의 칼까지 채워줬죠. 다윗은 몇 걸음 걸어보고 이렇게 이야기했습니다.

"이런 무장은 익숙하지 않습니다."

무장을 벗은 다윗은 시냇가에서 주운 돌 다섯 개와 자기가 쓰던 물매로 민첩하게 싸워 골리앗을 이겼습니다. 다윗은 자신의 능력을 가장 잘 발휘할 무기가 뭔지 잘 알고 있었던 거죠.

이렇게 자기에게 맞는 옷을 입으면 자신감이 생기고 잠재력이 폭발합니다. 저 또한 사업을 처음 시작할 때 비슷한 일을 겪었습니다. 많은 성공한 사람들이 이렇게 하면 무조건 부자가 될 수 있다며 저를 가르치려 했습니다. 하지만 정작 입어보니 그들이 준 옷은 제게 어울리지 않았고 저는 스스로 더 잘 맞는다고 생각하는 지식 창업에 승부를 걸었습니다.

아마 이 책을 읽고 있는 사람 중 온라인 쇼핑몰 창업 열풍에 합류해 관련 강의를 결제했거나 도매 사이트에서 물건을 한두 개 사봤거나 통신판매업 신고를 해본 사람도 있을 겁니다. 물론 시도하는 일 자체가 나쁜 건 아닙니다. 하지만 남들이 성공했다고 해서 나 또한 성공한다는 보장은 없습니다.

진짜 내 일은 사람마다 따로 있습니다. 지금 이 책에 나온 지식 창업도 누군가에게는 잘 어울리지 않을 수 있습니다. 하지만 내게 무엇이 맞지 않는지 깨닫는 것 자체가 귀한 성장 동력입니다. 이렇게 여러 경험들을 쌓으며 스스로에게 적합한 일을 찾아가길 바랍니다.

내 강점을 찾아주는 세 가지 파악 도구

나를 잘 모르겠다면 도구를 사용하자

살면서 혼자 뭔가를 판단하고 선택한 경험이 풍부한 사람은 의외로 그리 많지 않습니다. 자기 자신에 대해 잘 알고 있는 사람도 적을 겁니다. 저 또한 예외는 아닙니다. 저는 늘 제가 누구인지 알고 싶었고 지금도 새로운 모습을 발견해 놀라곤 합니다(언제까지 놀라야 할지 모르겠네요).

제 20대는 그야말로 방황의 연속이었습니다. 어떤 직업을 가져야 할까에 대한 고민이 많았죠. 워낙 변덕이 심하다 보니 스스로의 선택을 믿지 못하는 경우도 많았거든요. 그러던 중 에니어 그램eneagram이라는 성격 유형 검사를 처음 해봤습니다. 그때까지 재미로도 그 흔한 검사를 해본 적 없었는데 난생처음 제 자신을 마주하는 순간이었죠.

에니어그램 검사는 저를 이해하는 데 상당한 도움이 됐습니다. 그 이후로 매년 주기적으로 에니어그램 검사를 받아 자신에 대한 이해를 확장시키고 있습니다. 그뿐만 아니라 다른 테스트로도 강점을 찾는 데 큰 도움을 받았습니다. 지금부터 그 세 가지 도구를 소개해보려고 합니다.

MBTI

MBTIMyers-Briggs Type Indicator는 정신분석학자 카를 융Carl Gustav Jung의 심리 유형론을 바탕으로 만든 성격 유형 검사 도구입니다. 성격 유형 검사 도구 중에서 가장 대중적이죠.

MBTI에는 네 가지 선호 지표가 존재합니다. 그리고 이 선호 지표는 각자의 기질에 따라 외향-내향E-I, 감각-직관S-N, 사고-감정T-F, 판단-인식J-P으로 구분됩니다. 이 네 가지를 조합해 열여섯 가지로 성격 유형을 분류하죠. MBTI는 각종 전문 검사 기관에서는 물론 관련 웹사이트(16personalities.com)에서도 무료로 쉽게 검사할 수 있습니다.

에니어그램

에니어그램은 '아홉'ennea이라는 단어와 '도형'grammos이라는 단어가 합쳐진 명칭으로 아홉 가지 유형으로 성격을 분류하는 검사입니다. 큰 범주에서는 머리 유형, 가슴 유형, 장 유형 이렇게 세 가지로 유형을 나눕니다.

MBTI가 강점과 선호하는 에너지 방향을 찾는 걸 강조한다면 에니어그램은 약점과 내면을 강조합니다. 에니어그램의 정확한 기원은 알 수 없지만 우리나라에는 2001년 윤운성 교수에 의해 한국형 에니어그램 성격 유형 검사라는 이름으로 도입됐습니다.

요즘은 에니어그램을 진단받을 수 있는 커뮤니티도 많이 생겼습니다. 온라인에 에니어그램 카페라고 검색하면 쉽게 찾을 수 있고 전문 검사기관을 방문하거나 한국에니어그램교육연구소에서도 검사를 진행할 수 있습니다.

태니지먼트

태니지먼트tanagement는 주식회사 태니지먼트에서 만든 인재 선발을 위한 강점 진단 도구입니다. 이를 통해 '욕구 강점'과 '행동판단 강점'을 알 수 있는데, 욕구 강점은 내가 원래 지닌 강점, 행동판단 강점은 되고 싶은 모습을 위해 교육해서 키운 강점입니다. 태니지먼트 온라인 사이트(www.tanagement.co.kr)나 앱을 통해 무료로 검사할 수 있습니다.

이 도구를 어떻게 활용할까?

자, 그럼 저는 이 도구를 어떻게 활용했는지 구체적으로 설명해볼게요. 우선 저의 MBTI 유형은 INFP입니다. 내향, 직관, 감정, 인식의 에너지가 더 크다는 뜻이죠. INFP의 대표적인 특징은 감정이 풍부하며 은유적으로 표현해 자신의 생각을 깊이 있게 타인에게 잘 전달해준다는 겁니다. 창의적이고 늘 생각이 많으며 새로운 아이디어와 가능성을 즐깁니다. 자신을 특별한 존재라고 생각하고 완벽주의 성향이 있습니다. 선호 직업으로는 작가, 교사, 심리 상담원이 있습니다.

이 문장들을 읽으니 제가 이 책을 왜 쓰게 됐는지 어느 정도 이해가 가지 않나요? 또 다른 특징은 현실 감각이 떨어진다는 것인데, 이런 제가 돈 버는 방법을 알려주게 된 건 기질을 적절하게 이용한 결과라고 생각합니다.

한편 저의 에니어그램은 유형은 4번 유형입니다. 4번 유형은 에니어그램의 모든 유형 중에서 감정의 에너지가 가장 큽니다. 감정을 풍부하게 느끼는 만큼 사소한 것도 남들과는 다르게 해석하고 다른 사람이 생각하지 못하는 새로운 아이디어를 떠올립니다. 평범을 기피하고 늘 새로운 걸 창조하기 좋아합니다. 선호 직업으로 작가나 영화감독이 있습니다.

마지막으로 태니지먼트에서 측정된 욕구 강점은 추진과 동기부여고 행동판단 강점 또한 추진과 동기부여입니다. 앞서 욕구 강점은 내가 원래 지닌 강점, 행동판단 강점은 되고 싶은 모습을 위해 교육으로 키운 강점이라고 설명했는데 이 둘이 일치하는 걸 보니 저는 제 영역을 잘 찾아가고 있는 것 같죠? 추진은 주도적인 성향을 뜻하고 동기부여는 다른 사람을 이해하고 그들의 가능성을 찾는 성향입니다. 다른 사람에게 감동을 주고 좋은 영향을 미치는 행동에서 만족감을 얻는 거죠.

여기까지 읽으니 제가 어떤 사람인지 대충 감이 오나요? 이렇게 세 가지 도구의 교집합을 찾아내야 합니다. 저는 이 검사 결과를 종합해 두 가지 단어를 발견했습니다. 바로 '창조'와 '양성'이었습니다. 저는 새로운 걸 창작해내는 일을 잘하고 누군가에게 영향을 줄 때 큰 기쁨을 느낍니다. 그래서 지식 콘텐츠를 만들고 그걸로 사람들을 가르치는 이 일의 성과가 좋은 게 아닐까 싶어요. 이렇게 다양한 방법으로 스스로에 대해 끊임없이 고민하고 강점을 발견하면 원하는 결과를 얻을 수 있을 겁니다.

다만 이 도구를 100퍼센트 맹신하지 않기 바랍니다. 자칫하면 검사 결과에 얽매일 수 있으니까요. 모든 유형에는 장점과 단점이 있습니다. 다른 유형을 부러워하기보다는 나에게 주어진 성향을 감사히 여기고 어떻게 활용할지 생각하세요.

정서가 불안정할 때는 검사를 하지 않는 게 좋습니다. 결과가 크게 달라지진 않겠지만 평범한 상태에서 나를 발견하는 용도로만 사용하세요. 또한 시간이 흐르면서 성향이 조금씩 바뀔 수도 있으니 1년에 한두 번씩 정기적으로 검사하는 걸 추천합니다.

수익을 만드는 여섯 개 머니 파이프라인

CHAPTER 09

어디에서 무엇을 팔까?

초보에겐 플랫폼이 필요하다

구독자가 많은 유명 인플루언서들은 딱히 노력하지 않아도 강의나 출판 같은 제안이 줄을 잇습니다. 하지만 우리 같은 지식 창업 초보자들은 명성이 쌓일 때까지 기다리기엔 무리가 있죠. 그래서 더 빨리 수익을 낼 수 있도록 재능 공유 플랫폼을 이용해야 합니다.

재능 공유 플랫폼이란 자신의 노하우를 거래하는 서비스를 말합니다. 다양한 종류가 있는데 각 플랫폼마다 특징이 다릅니다. 그래서 우선은 제 경험을 기준으로 플랫폼의 성향과 사용 방법을 알아보겠습니다.

각 플랫폼의 세부적인 정보는 자주 변화하기 때문에 주기적으로 제가 운영하는 월급 독립 스쿨에 업데이트하겠습니다(cafe. naver.com/stevetwojobs/1669). 궁금하면 들어와보세요.

크몽

크몽(kmong.com)은 재능 공유 플랫폼 중 규모가 가장 큽니다. 원래 크몽의 정체성은 의뢰자가 작업을 부탁하고 판매자가 작업물을 전송하는 프리랜서 마켓입니다. 그런데 레슨이라는 카테고리가 신설되면서 강의 시장까지 흡수하고 있습니다.

크몽의 특징 중 하나는 PDF 전자책이나 템플릿 같은 디지털 문서의 판매가 가능하다는 점입니다. 또한 오프라인 강의뿐만 아니라 온라인 영상이나 전화 상담도 거래할 수 있습니다.

이용자가 많아 크몽의 몇몇 카테고리는 이미 포화 상태입니다. 이런 분야는 가격 경쟁이 치열하다 보니 지식 콘텐츠를 차별화하지 않으면 진입하기 까다롭죠. 이런 시장에는 되도록 참여하지 않는 게 좋습니다.

과거에는 주로 실무 역량과 관련된 콘텐츠를 판매했지만 최근 크몽에는 다양한 분야의 지식 콘텐츠들이 올라오고 있습니다. 이용자의 폭도 넓어지는 추세입니다. 참고로 저도 이곳에서 PDF 전자책을 판매하고 있습니다.

프립

프립(www.frip.co.kr)은 제가 지식 창업 초기에 활동했던 플랫폼입니다. 액티비티 플랫폼이라는 정체성을 갖고 있죠. 최근 프립은 대규모 투자를 받아 빠르게 성장하고 있습니다.

프립에서 판매할 수 있는 지식 콘텐츠는 오프라인 강의, PDF 전자책, 전화 상담 등으로 다양하며 그중에서도 원데이 클래스가 많은 편입니다. 결제 시스템이 매우 편리하다는 게 프립의 장점입니다.

액티비티 플랫폼이다 보니 프립에는 호기심이 많고 활발한 이용자가 많습니다. 특히 자기계발 욕구가 강한 20대 후반~30대 초반 여성 이용자가 다수입니다. 실무역량 카테고리에 있던 제 수업(PPT로 카드뉴스 만들기)에 그저 재밌어 보여서 왔다는 사람도 꽤 많았죠. 또한 프립에는 해당 플랫폼을 2회 이상 이용해본

이용자가 많습니다.

만약 당신이 하려는 지식 창업이 가죽공예, 헬스, 스케이트보드, 댄스 등 활동성이 있는 주제를 다루는 지식 콘텐츠라면 프립에서 시작해보는 걸 추천합니다. 이런 지식 콘텐츠는 프립의 정체성과 잘 맞기 때문에 플랫폼에서 적극적으로 홍보해줄 수도 있으니까요.

탈잉

탈잉(taling.me)에는 '나만의 튜터에게 배워보세요'라는 카피답게 업무 스킬이나 실무 역량을 키우고 싶어 하는 이용자가 많습니다. 주로 3~4주 단위의 수업이 많습니다. 또한 수업 단가가 높은 편입니다(부가세 별도).

탈잉에서 판매할 수 있는 지식 콘텐츠로는 오프라인 강의, 온라인 강의, PDF 전자책, 컨설팅, 전화 상담 등이 있습니다. 유튜브 스트리밍으로 수업을 진행하는 사람들도 있고요. 최근에는 VOD 서비스를 오픈하며 서비스 분야를 더욱 다양하게 확장하고 있습니다.

숨고

숨고(soomgo.com)는 앞서 소개한 지식 공유 플랫폼처럼 카테고리를 클릭하면 모든 강의를 볼 수 있는 광장형 플랫폼이 아니라 수강생이 원하는 조건을 설정하면 그에 맞는 강사를 보여주는 맞춤형 플랫폼입니다. 이용자의 필요에 따라 강사를 소개하다 보니 수강생 만족도가 높은 편입니다.

숨고는 주로 일대일 레슨을 받고 싶어 하는 사람들이 사용합니다. 최근에는 대규모 투자를 받으면서 강좌뿐만 아니라 인테리어, 수리, 청소 등 서비스 영역을 넓혀가고 있는 중이죠. 저 또한 이곳에서 기타 레슨을 받았습니다.

솜씨당

솜씨당(www.sssd.co.kr)은 요리, 수공예, 미술, 플라워 레슨 등 취미 분야의 강좌를 판매하는 재능 공유 플랫폼입니다. 오프라인 원데이 클래스가 활성화돼 있습니다.

클래스101

　클래스101(class101.net)은 이용자가 온라인 강의를 구입하면 준비물까지 함께 제공하는 재능 공유 플랫폼입니다. 최근 대규모 투자를 받으며 급성장하고 있는 플랫폼이죠. 아마 온라인 강의 시장에서는 업계 1위 기업일 겁니다. 주로 드로잉, 공예, 캘리그래피와 같은 감성적인 취미를 다루는 지식 콘텐츠가 많으며 수강료에 보통 재료비가 포함되는 경우가 많아 10만~30만 원대로 강의 단가가 높은 편입니다.

　클래스101의 주 고객은 20대 후반~30대 초반 여성입니다. 최근에는 '커리어'라는 카테고리가 신설되면서 직무, 창업 관련 강의가 많이 생겨났습니다. 이에 따라 이용 연령층도 다양해졌습니다.

　클래스101에서는 아무나 바로 강의할 수 없습니다. 강의를 하고 싶다고 지원하면 플랫폼에서 수요를 조사합니다. 이 조사에 통과하면 그때 판매를 진행하죠. 이렇게 진입장벽이 있다 보니 클래스101에서 강의한다는 것 자체가 나름의 홍보 효과를 가지기도 합니다.

인프런

인프런(www.inflearn.com)은 프로그래밍, 마케팅 등 IT 분야 지식 콘텐츠가 주를 이루는 온라인 강의 플랫폼입니다. 특히 개발 직군에서 인지도가 높은 편입니다. 무료로 수강할 수 있는 강의도 더러 있습니다.

에듀캐스트

에듀캐스트(educast.com)는 온라인 강의 플랫폼입니다. 대학 강의, 재테크, 프로그래밍, 마케팅 등 다양한 분야의 지식 콘텐츠를 다루고 있습니다.

스터디파이

스터디파이(studypie.com)는 온라인 스터디 플랫폼입니다. 스터디 코치가 특정 주제, 기간과 인원을 정한 뒤 구성원을 모집해 함께 공부하는 서비스를 제공합니다.

스터디파이에서는 온라인 메신저로 스터디를 진행합니다. 스터디 코치가 커리큘럼에 따라 과제를 내주고 수강생들이 이를 수행하며 질의응답하는 방식을 사용합니다.

첫 번째 파이프라인
PDF 전자책

안 할 이유가 없는 비즈니스

이제 앞서 언급한 재능 공유 플랫폼을 이용해서 어떻게 수익을 창출해내는지 하나하나 설명하겠습니다.

월급 외 수익을 만드는 첫 번째 파이프라인은 PDF 전자책입니다. 전자책에는 PDF 외에도 여러 형식이 있지만 우리가 할 지식 창업은 나만의 노하우를 PDF 문서로 만들어서 판매하는 겁니다. 구체적으로 설명하자면 누군가 네이버 블로그 상위 노출 방법을 알고 싶어 한다고 가정해봅시다. 그 노하우를 적은 10쪽 분량의 파일을 PDF 문서로 만들어 그 사람에게 1만 3,000원에 판매하는 게 PDF 전자책 비즈니스입니다.

PDF 전자책에는 블로그나 유튜브 콘텐츠보다 심도 있지만 책보다 간결한 지식을 주로 담습니다. 저는 《월급 외 수익 100만 원을 만드는 방법》이라는 제목의 PDF 전자책을 만들어 약 1년 간 1,600명에게 판매했습니다. 그리고 이를 통해 창출한 수익은 1,700만 원에 가깝습니다.

PDF 전자책 비즈니스가 매력적인 이유는 리스크가 전혀 없기 때문입니다. 전자책을 썼다가 팔리지 않아도 딱히 손해 보는 게 없습니다. 재고가 없으니까요. 게다가 포장, 배송도 할 필요가 없습니다. 한 번 만들어두면 크게 고칠 일이 없고요.

PDF 전자책을 만들 때는 특별한 기술이 필요하지 않습니다. 워드나 PPT 파일의 확장자를 PDF로 저장하면 됩니다. 파일을 전송하는 데도 30초 정도밖에 걸리지 않습니다. 구글 드라이브에 파일을 올려두고 주문이 들어오면 첨부해서 보내면 됩니다. 걸어 다니면서 밥 먹으면서 출근하면서 자기 전에 누워서도 수익을 창출할 수 있죠. 사업자 등록증이나 직원도 필요 없습니다.

게다가 PDF 전자책을 만들면 자연스럽게 글쓰기 실력이 늘어납니다. 이 책의 원고도 제가 작성했던 PDF 전자책이 기초가 됐습니다. 이쯤 되니 딱히 하지 않을 이유가 없죠?

저는 PDF 전자책 시장을 매우 긍정적으로 봅니다. 소비자와 제작자 모두에게 합리적인 서비스이기 때문입니다. 기존 시장에서 제작자가 자신의 지식이 담긴 글을 판매하는 수단은 종이책뿐이었습니다. 그러나 종이책을 출간하려면 꽤 오랜 시간이 걸립니다. 어느 정도 기본 분량을 채워야 해서 짧은 지식을 담기에도 무리가 있죠. 그래서 소비자에게 유용한 정보더라도 출간할 만큼의 지식은 아니라는 생각에 작가의 머릿속에만 머무는 경우가 태반입니다.

반면 PDF 전자책은 소비자에게도 유리한 서비스입니다. 지금 당장 간단한 정보가 필요한데 책에는 그 이상의 지식이 묶여 있어 불편했던 적 있을 겁니다. 예를 들어 블로그 상위 노출 방법만 알면 되는데 포스팅 작성법, 계정 생성법과 같은 불필요한 정보까지 함께 판매하고 있다는 거죠. PDF 전자책은 이 단점을 어느 정도 극복할 수 있습니다.

글의 퀄리티만 어느 정도 보장된다면 PDF 전자책 비즈니스가 전통적인 출판 시장을 일부 대체할 날이 올 겁니다. 실제로 퍼블리(publy.co), 아웃스탠딩(outstanding.kr) 등 쪽글을 유료로 판매하는 서비스들이 성장 중이기도 하고요.

사람들이 PDF 전자책을 사는 심리

온라인 강의도 책도 아닌 PDF 전자책을 사람들은 왜 구매하는 걸까요? 그 이유는 보통 이렇습니다.

1. 책보다 간략하고 핵심이 담긴 정보를 얻고 싶다.
2. 동영상보다 빠르게 당장 지식을 습득하고 싶다.

PDF 전자책을 집필할 때는 이 두 가지를 반드시 고려해야 합니다. 즉, 불필요한 내용을 넣어서 분량을 늘리지 말라는 이야기입니다. PDF 전자책은 스마트폰 또는 PC로 읽습니다. 소비자가 방대한 텍스트에서 원하는 정보를 찾아 헤매게 만들면 안 됩니다. 정말 필요한 내용만 간결하게 넣어야 합니다.

예컨대 누군가 네이버 블로그 상위 노출 방법이 알고 싶어서 PDF 전자책을 구매했다고 가정해봅시다. 10쪽짜리 파일을 열었는데 2쪽을 상위 노출의 중요성에 대해서 설명하고 있다면 소비자는 화가 날 수밖에 없습니다. 이미 그 중요성을 알고 있어서 구매했을 테니까요. 꼭 상기시켜야 하더라도 10쪽 중 2쪽이나 할애할 필요는 없겠죠.

보통 종이책이 5장으로 구성돼 있다면 1장에 서론을 쓰고

2장, 3장, 4장에 본론을 쓰고 5장에 결론과 기타 내용을 써서 마무리합니다. 하지만 PDF 전자책은 40쪽 이하로 구성하고 바로 본론을 시작해야 합니다.

담고 싶은 정보가 많아 아무리 간추려도 분량이 100쪽을 넘는다면 여러 권으로 분할하는 게 좋습니다. 꼭 100쪽 이상을 쓰고 싶다면 군더더기 없는 내용으로만 채워야 합니다. 길어지면 길어질수록 소비자는 그 내용을 이해하기 어려워합니다. 그러면 만족도도 떨어지겠죠. 제가 생각하는 PDF 전자책의 적정 분량은 50쪽 이하입니다.

팔리는 PDF 전자책의 종류

앞서 돈이 되는 지식의 다섯 가지 유형을 설명했습니다. 돈을 더 벌게 해주는 지식, 업무를 더 잘하게 해주는 지식, 외모를 발전시키는 지식, 즐거움을 주는 지식, 삶을 더 나은 방향으로 만들어주는 지식이 그거죠.

이 다섯 가지 유형 외에도 판매되는 PDF 전자책 유형은 두 가지가 더 있습니다. 바로 시간을 줄여주는 유형과 템플릿입니다.

1. 시간을 줄여주는 유형

요즘은 정보 과잉 시대입니다. 수많은 유튜브 영상과 블로그 포스팅 중에서 내가 원하는 정보를 찾기란 쉽지 않죠. 그런데 만약 누군가 대신 그 일을 다 해놨다면 어떨까요? 이런 부분을 충족시켜주는 PDF 전자책 유형은 다음과 같습니다.

시간을 줄여주는 PDF 전자책

- 투고용 출판사 편집담당자 이메일 리스트 60개
- 페이스북 광고 세팅 메뉴얼
- 대학생이 할 수 있는 비즈니스 42가지
- 무자본으로 돈 버는 온라인 사업 아이디어 20개
- 미리 알면 좋은 고양이 질병 증상과 대처법 30가지

정보를 검색할 때 드는 비용을 '서칭 코스트'searching cost 라고 합니다. 서칭 코스트를 줄여주는 지식 콘텐츠를 찾는 이유는 명확합니다. 시간과 에너지를 사는 거죠.

2. 템플릿

템플릿이란 쉽게 말해 형식을 뜻합니다. 엄밀히 말해 PDF 전자책은 아니지만 판매 속성이 PDF 전자책과 비슷합니다. 이 유

형의 지식 콘텐츠는 다음과 같습니다.

템플릿

- 카드뉴스 템플릿 30종
- 광고 제안서 PPT 템플릿 24종
- 유튜브 썸네일 19종
- 정부 지원 사업 합격한 사업계획서 10종

이 유형은 PPT 파일이나 포토샵 작업 파일 등이 있습니다. 템플릿 역시 시간과 에너지를 절약해준다는 장점 때문에 이를 구매하는 사람들이 많습니다.

잘 팔리는 PDF 전자책을 기획하는 방법

어떻게 해야 PDF 전자책을 잘 팔 수 있을까요? 일단 수요가 많은 주제를 기획해야 합니다. 그렇다면 이런 주제는 어떻게 찾을 수 있을까요?

우리는 페이스북, 유튜브, 네이버, 카카오, 인스타그램 등 SNS에서 제공하는 지식 콘텐츠를 하루에도 수없이 접합니다. 그중에서도 인기 있는 지식 콘텐츠가 있고 인기가 없는 게 있죠. 어떤 콘텐츠가 인기 있다는 이야기는 사람들이 그 주제에 대해 관심이 많다는 뜻일 겁니다. 이게 실마리입니다.

세 가지 가상의 예를 들어볼게요. 운동에 관심 있는 G가 있습니다. G는 유튜브에서 운동 관련 영상을 보다가 '마른 사람들을 위한 단백질 보충제 추천'이라는 영상의 조회수가 40만 회 이상인 걸 발견합니다.

그 영상은 단백질 보충제 다섯 개를 간단히 소개했습니다. 댓글을 보니 사람들이 체중을 늘리기 위해 보충제를 먹는 방법, 주의할 점, 구매처 등을 궁금해합니다. G는 '마른 사람들이 단백질 보충제 정보를 얻고 싶어 한다'는 사실을 깨달았습니다. 그래서 이들을 대상으로 단백질 보충제 열 개, 섭취법, 주의할 점, 저렴한 구매처 등을 정리한 10쪽 분량의 PDF 전자책을 만들어 9,000원에 판매했습니다.

또 다른 예를 들어볼까요? 여행에 관심이 많은 H가 있습니다. H는 평소 제주도를 자주 방문해서, 제주도 여행을 앞둔 지인들은 꼭 H에게 여러 가지 정보를 묻곤 했습니다. H는 어느 날 포털 사이트 메인에 등록된 '커플이라면 꼭 들러야 할 제주도 핫 플레이스'라는 콘텐츠의 조회수가 10만 회 이상인 걸 발견하고 '제주도 여행 정보를 알고 싶어 하는 커플이 많다'는 사실을 알게 됐습니다.

그래서 H는 전망 좋고 분위기 있는 숙소 열 곳, 카페 정보, 맛집 정보, 여행 시간표와 동선 등을 담은 '제주도 커플 여행 가이드북'을 제작했습니다. 여행지에서 할인을 받는 방법과 사진 찍기 좋은 장소까지 첨부했습니다. 그리고 이 가이드북을 1만 3,000원에 판매했습니다.

마지막으로 예를 들어보겠습니다. 5년째 연애 중인 I가 있습니다. 남자친구와 결혼을 할지 말지 고민하고 있죠. 남자친구를 좋아하는 마음이 크지만 조심스러운 성격 때문에 쉽게 결정을 내리지 못했습니다. 그러던 중 유튜브에서 '결혼 전에 물어봐야 할 일곱 가지'라는 영상을 찾았습니다. 재정 문제, 소통, 가족관계, 비전 등에 관련된 질문이었고 해당 영상의 조회수는 40만 회에 육박했습니다.

I는 남자친구와 영상에 나온 질문을 바탕으로 깊게 대화하는 시간을 가졌고 확신이 들어 결혼을 결심했습니다. 댓글을 보니 이 영상에 도움을 받은 사람은 I뿐만이 아니었습니다. I는 '많은 사람들이 결혼 전에 서로 어떤 질문을 해야 하는지 궁금해한다'는 사실을 깨닫게 됐습니다. 그래서 이 주제로 PDF 전자책을 만들기로 결정했습니다. 단순히 혼자 읽고 끝내는 것에서 그치지 않도록 연인이 함께 사용할 수 있는 워크북 형태로 제작했습니

다. 남자친구와 대화할 때의 기억을 되살려 질문을 20개로 늘리고 실행 방법을 추가해 1만 2,500원에 판매했습니다.

이런 식으로 평소 관심 가져온 주제에서 인기 있는 지식 콘텐츠를 찾아내고 거기에 유용한 정보를 추가하거나 형식을 발전시키면 간단히 PDF 전자책을 만들어 판매할 수 있습니다. 저는 주로 유튜브, 네이버 주제별 탭, 1분 카카오 등에서 아이디어를 얻습니다.

이때 주의할 점은 다른 지식 콘텐츠를 그대로 베끼면 안 된다는 겁니다. 또한 사람들이 기꺼이 돈을 지불할 정도로 가치가 있어야 합니다. 아주 창의적이거나 정보가 풍부하거나요.

PDF 전자책 작성 노하우

주제를 정했다면 본격적으로 PDF 전자책을 작성할 차례입니다. 글을 써본 경험이 없다고 괜히 주눅들 것 없어요.

먼저 목차를 작성합니다. 이때 가급적 사람들이 궁금해할 만한 내용을 앞으로 배치합니다. 가려운 곳을 먼저 긁어줘야 편안한 마음으로 나머지 부분을 보게 되거든요. 알고 싶은 내용이 뒤에 나오면 소비자의 인내심이 바닥날 뿐만 아니라 괜한 기대감만

커지게 할 수 있습니다.

목차를 다 구성했으면 이제 문단을 배치하고 채워야 합니다. 문단을 짜임새 있게 조직하는 게 한 문장 한 문장을 작성하는 것보다 중요합니다. 또한 문단을 써내려갈 때는 처음부터 완벽한 문장을 만들려고 하지 않는 게 좋습니다. 한 문단에서 한 가지 이야기를 다루겠다고만 마음먹읍시다.

그렇게 문단을 모두 채웠다면 이제 문장을 완성할 단계입니다. 글의 가독성을 높이려면 그 문장을 소리 내서 읽어보고 자연스러운지 확인해보세요. 실제로 저는 구어체로 PDF 전자책 원고를 작성하기도 합니다. 일상에서 대화하듯이 글을 쓰면 쉽게 작업할 수 있습니다.

이미지나 그래프, 인포그래픽 등 설명을 보충할 적절한 자료가 있는 경우 적극 활용하면 더 좋습니다. 글만 빽빽하면 읽기에 조금 지루할 수 있으니까요. 단, 그럴듯해 보이려고 의미 없는 사진을 넣지는 맙시다. 괜히 자리만 차지할 뿐입니다.

PDF 전자책 판매 노하우

PDF 전자책을 다 썼으면 이제 판매해야겠죠? 앞서 잠깐 언급했지만 현재 PDF 전자책을 판매할 수 있는 플랫폼으로는 크몽, 탈잉, 프립, 오투잡(www.otwojob.com), 해피캠퍼스(www.happy campus.com) 등이 있습니다.

플랫폼마다 수수료율은 상이합니다. 평균적으로 20퍼센트 내외고 50퍼센트인 곳도 있습니다. 20퍼센트인 플랫폼을 예로 들자면 1만 3,000원짜리 전자책을 한 권 팔면 수수료 2,600원을 제외하고 1만 400원을 정산받습니다. 플랫폼 사용법은 주기적으로 변동되고 사이트마다 다릅니다. 가입 및 등록과 같은 자세한 사항은 월급 독립 스쿨(cafe.naver.com/stevetwojobs/1669)에 정리해뒀으니 참고하면 됩니다.

플랫폼을 이용하지 않고 별도의 결제 시스템을 마련해 PDF 전자책을 판매하는 사람도 있습니다. 스마트 스토어에 결제창을 만들거나 구글독스를 활용해서 주문신청서를 받고 계좌 이체로 결제하는 거죠. 워드프레스를 이용해 개인 홈페이지를 만들고 판매 모듈을 붙이는 방법도 있습니다.

전자책이 판매되는 과정은 단순합니다. 트래픽이 발생하면 구매로 이어집니다. 여기서 트래픽이란 전자책 설명 페이지에 들어오는 사람의 수를 말합니다. 그렇다면 일단 내 전자책을 보러 오게 만드는 게 중요하겠죠? 트래픽을 발생시키는 방법으로 총 네 가지가 있습니다.

1. SNS 채널 활용하기

블로그, 인스타그램, 유튜브, 브런치 등 자신의 SNS 채널을 활용하면 PDF 전자책을 더 많이 판매할 수 있습니다. 제가 가장 선호하는 방법이기도 합니다. 잠재적 소비자를 확보할 수 있기 때문입니다.

SNS 채널을 이용한 판매의 흐름은 이러합니다. PDF 전자책을 제작하기 전에 SNS 채널에서 유용한 정보를 제공합니다. 사람들이 자연스럽게 모이면 댓글이나 조회수를 통해 어떤 정보를 더 원하는지 파악하고 무료로 제공한 지식 콘텐츠보다 더 유용한 정보를 담은 PDF 전자책을 내놓습니다. 이 정보를 얻고 싶으면 PDF 전자책을 사라고 하는 거죠.

제 경험을 예로 들자면 제게는 월급 외 수익을 만드는 노하우가 있었습니다. 그 노하우 중 50퍼센트의 정보를 유튜브에 공개했습니다. 사람들은 그 정보를 보기 위해 제 채널을 구독했습니다. 그리고 20퍼센트의 노하우를 더 담아 PDF 전자책을 만들었습니다. 구독자들에게 이렇게 설명했습니다.

"유튜브에서 공개하는 정보만으로도 충분히 수익을 낼 수 있습니다. 하지만 더 디테일한 정보를 원하거나 시행착오를 줄이고 싶다면 제가 작성한 PDF 전자책을 구입해주세요."

여기서 중요한 점은 SNS에서 공개한 50퍼센트의 정보가 유용해야 한다는 겁니다. 무료로 제공하는 정보만으로도 충분히 성공할 수 있다는 인상을 남기는 게 좋습니다. 무료로 제공하는 정보가 이렇게 유용하니 유료로 판매하는 PDF 전자책은 더욱 믿을 수 있다는 인식을 심어주는 겁니다. 물론 그렇게 되기까지 시간이 다소 걸리긴 합니다. 하지만 돈이 드는 일도 아니니 안 할 이유가 없죠.

2. 크라우드 펀딩

크라우드 펀딩이란 서비스나 상품 제작, 후원 등을 위해 소액 투자자를 모으는 행위를 말합니다. 와디즈(www.wadiz.kr)나 텀블벅(tumblbug.com) 같은 플랫폼을 이용할 수 있죠.

크라우드 펀딩 플랫폼의 출판 카테고리를 살펴보면 현재 펀딩 중이거나 모금이 완료된 프로젝트를 볼 수 있습니다. PDF 전자책에 얼마나 돈이 모이겠느냐고 생각할 수도 있지만 수천만 원 넘게 펀딩받은 프로젝트도 존재합니다. 크라우드 펀딩 플랫폼 자체가 트래픽이 큰 편이기 때문이죠.

크라우드 펀딩을 성공하기 위해서는 기존에 존재하지 않았던 콘셉트의 PDF 전자책을 기획하는 게 좋습니다. 또한 이 PDF 전자책이 왜 세상에 존재해야 하는지, 어떤 문제를 해결하려고 하는지를 펀딩 소개 페이지에서 설명해야 합니다.

초기 반응이 좋은 프로젝트는 플랫폼에서 활발히 홍보해주기 때문에 무작정 혼자 시작하는 것보다 좋은 반응을 얻을 수 있습니다. 따라서 초반에 첫 번째 방법인 SNS 채널 활용하기를 병행하면 더 큰 효과를 볼 수 있습니다.

3. SNS 광고

세 번째 방법은 인스타그램이나 페이스북 타임라인에 노출되는 SNS 광고를 이용하는 겁니다. 보통 'sponsored'(광고)라는 문구가 붙어 있죠. SNS 광고는 타기팅 targeting 이 확실하다는 게 큰 장점입니다. 연령, 성별, 관심사를 세분화해 적은 비용으로도 큰 효과를 낼 수 있습니다.

SNS 광고는 구글에서 진행하는 배너 광고보다 더 효과적입니다. SNS라는 공간이 특정한 이용자의 관심사를 바탕으로 구성돼 있기 때문입니다. SNS 광고는 이용자가 어떤 게시물에 좋아요를 누르고 어떤 계정을 구독하는지 등의 관심사를 데이터로 활용합니다.

SNS 광고를 효율적으로 집행하기 위해서는 에이비 테스팅 A/B testing 을 많이 해보는 게 좋습니다. 가령 예산이 10만 원이고 광고 이미지 시안이 A, B 두 가지라면 각각 5만 원씩 집행하는 게 아니라 1만~2만 원씩 각각 집행해본 뒤 더 성과가 좋은 쪽에 나머지 금액을 몰아주는 거죠. 에이비 테스팅은 예산이 한정됐을 때 효과를 높이는 방법으로 자주 사용되곤 합니다. 더 자세한 방법이 궁금하다면 유튜브에 '인스타그램 광고'를 검색해보세요. 광고 세팅 방법이 많이 공개돼 있습니다.

4. 플랫폼 내 상위 노출

마지막으로 PDF 전자책이 등록된 재능 공유 플랫폼 상위에 노출되는 방법입니다. 플랫폼에서 지식 콘텐츠를 상위 노출에 적합하다고 판정하는 지표는 주로 구매수, 매출, 만족도입니다. 플랫폼마다 자세한 알고리즘은 상이하지만 이 세 가지 지표가 중요하다는 사실에는 변함이 없습니다.

플랫폼 내 상위 노출을 노리려면 구매 오픈 초기의 성과가 중요합니다. 일부 플랫폼은 신규 지식 콘텐츠가 등록되면 묻히지 않도록 노출시켜주기도 합니다. 그런데 첫 구매가 발생하고 나면 더 이상 신규 지식 콘텐츠로 취급해주지 않죠. 그래서 아직 상위 노출의 기회가 있는 첫 구매에서 반드시 좋은 리뷰를 받아야 합니다. 크몽에는 상위 노출이 가능한 광고 상품도 있습니다.

PDF 전자책의 만족도를 높이는 팁

좋은 리뷰를 받는 게 중요하다는 사실은 굳이 길게 설명할 필요가 없겠죠? 하지만 PDF 전자책은 리뷰를 잘 받기 어렵습니다. 정보가 간결해서 온라인 강의나 종이책에 비해 소비자와 친해지고 이들을 설득할 시간이 부족하기 때문입니다. 그럼에도 불구하고 저는 PDF 전자책을 1,600개 넘게 판매하면서 만족도를 99퍼센트를 유지하고 있는데 그 비결을 소개하겠습니다.

먼저, 문서의 가독성을 높여야 합니다. 제가 가장 신경 쓰는 부분이기도 합니다. 우선 문장을 너무 길게 이으면 읽기가 힘들어집니다. 네다섯 줄 정도를 작성하고 엔터를 쳐 여유를 주고 다음 문단을 시작하세요. 문단이 다음 장으로 끊어지지 않게 여백을 조절하는 것도 좋습니다.

중요한 문장은 형광펜이나 밑줄 기능으로 표시해줍니다. 각 문단에서 중심이 되는 중요한 문장을 강조하면 아무래도 글을 이해하기 편하거든요.

문단을 정렬할 때는 양측 정렬이 가장 보기 편합니다. 또한 워드 기준 폰트 종류는 나눔고딕체, 폰트 크기는 12포인트, 줄 간격은 1.15로 작성했습니다. 소제목은 볼드 효과를 줬습니다.

두 번째 팁은 덤을 주는 겁니다. 생각지도 못한 선물을 받으면 기분이 좋죠? PDF 전자책을 판매할 때도 마찬가지로 같이 읽으면 좋은 짧은 문서 하나를 서비스로 같이 보내보세요. '유튜브 알고리즘을 활용하는 방법'에 대한 PDF 전자책을 판매한다면 '유튜브 제목 잘 쓰는 일곱 가지 방법'이라는 1~3쪽 분량의 짧은 문서를 같이 보내주는 거죠. 문서를 또 만들어야 한다는 점이 약간 번거로울 수 있지만 덤을 받았다는 생각 때문에 소비자들은 조금 더 관대해집니다.

세 번째 팁은 환불입니다. 실망한 소비자는 평가를 낮게 줍니다. 그러면 앞으로의 판매에 부정적인 영향을 받게 됩니다. 그러니 불만족한 고객에게는 최대한 환불해주는 게 좋습니다. 저는 PDF 전자책을 판매할 때 이러한 안내문을 동봉했습니다.

"안녕하세요, 구매해주셔서 감사합니다.

혹시 읽어보시고 정말가 별로 유익하지 못하거나 조금이라도 불만족스럽다면 구매 확정 버튼을 누르기 전에 환불이 가능합니다.

그러니 읽어본 뒤 신중하게 구매를 결정하시면 됩니다.

(정말 환불하셔도 괜찮아요! 가격 대비 만족스러운 정보를 드리고 싶습니다.)

궁금한 점은 문서에 있는 네이버 카페에 올려주세요.

감사합니다!"

마지막 팁으로 뭔가를 보장한다는 말은 가급적 자제해야 합니다. 구매한 상품이 자신의 기대에 미치지 못해 실망한 소비자는 리뷰를 부정적으로 남깁니다. 반대로 기대하지 않았는데 만족하면 좋게 평가하겠죠. 그래서 '100퍼센트 만족 보장', '이 방법만 있으면 누구든 좋은 결과를 얻을 수 있다' 등 기대감을 지나치게 높이는 문구는 상품 소개 페이지에 되도록 작성하지 않는 게 좋습니다.

반대로 '5년 이상 숙련자에게는 도움이 되지 않습니다'같이 구매하면 안 되는 사람들을 특정해놓는 것도 괜찮습니다. 구매를 통해 얻을 수 있는 이익을 구체적으로 밝혀도 좋고요. 유튜브나 블로그에 자신의 인사이트가 담긴 지식 콘텐츠를 올리고 PDF 전자책 소개 페이지에 링크를 공유한 뒤 이 콘텐츠에 공감하는 사람만 PDF 전자책을 구입하라고 이야기하는 것도 방법입니다. 구매 장벽을 높이는 거죠.

예를 들어 보겠습니다. 돈 버는 방법에 대한 PDF 전자책을 판다고 칩시다. 상품 소개 페이지에 '이 방법에는 두 달 이상 시간이 필요합니다. 일주일 만에 돈을 벌고 싶다면 구매하지 말아주세요'라는 안내문을 기입해두면 그 PDF 전자책을 구입하는 사람들은 이 경고에 어느 정도 동의했다고 볼 수 있습니다. 일주일 만에 돈을 벌고 싶어 하는 사람들이라면 그 상품을 사지 않거나 샀더라도 불평이 없겠죠. 이렇게 하면 악성 리뷰를 사전에 차단할 수 있습니다.

내 PDF 전자책을 도용당했다면?

PDF 전자책을 구매한 사람이나 환불받은 사람이 문서를 유포하거나 도용하면 어떻게 할지 걱정될 겁니다. 일단 저는 도용을 예방하기 위해 첫 장에 이런 문구를 적어둡니다.

> 본 문서의 저작권은 '000'에 있습니다.
> 무단 도용, 복제 및 사용을 금지하며 이를 어길 시
> 관계 법령에 의거해 처벌을 받을 수 있습니다.

페이지마다 커다란 워터마크도 박아둡니다. 환불을 해줄 때는 환불과 동시에 파일을 삭제해달라고 요청합니다.

이 정도만 해도 양심이 있는 사람이라면 보통 무단 전제하거나 유포할 생각을 크게 하지 않습니다. 그러나 작정하고 내 전자책을 그대로 도용했다면 어떻게 해야 할까요?

모든 창작물은 만드는 순간 저작권이 생깁니다. 그래서 원작

자의 동의를 얻지 않고 상업적으로 사용할 경우 저작권 침해로 처벌이 가능합니다. 저작권을 침해받은 사실을 확인하면 일단 증거를 수집해야 합니다. 그리고 도용한 사람에게 이메일로 경고합니다. 내용증명을 함께 보내도 좋습니다. 대부분 이 정도로 마무리가 됩니다.

내용증명을 보냈음에도 별다른 조치가 없다면 경찰에 신고하면 됩니다. 혼자 법적 절차를 진행하는 게 막막하거나 그 외 저작권 관련 상담을 받고 싶다면 한국저작권위원회 상담 센터를 이용해보세요.

사실 모든 유포를 막을 수는 없습니다. 온라인 강의, 오프라인 강의, 블로그, 책도 마찬가지입니다. 무단으로 공유하거나 표절하겠다고 작정하면 어떻게든 가능합니다. 저는 오히려 이걸 역이용합니다. 우리가 통제할 수 있는 영역이 아니니 오히려 유포되면 이득이 되게 만드는 거죠.

사람들은 한 번 좋은 정보를 접하면 그보다 더 알찬 정보도 얻고 싶어 합니다. 만약 누군가 무단으로 유포된 제 PDF 전자책을 보고 이득을 얻었다면 제 블로그나 유튜브 채널을 구독하거나 컨설팅을 받고 싶어질지도 모릅니다. 장기적으로 봤을 때 제 지식 콘텐츠의 소비자가 되는 거죠. 유포자가 마케터가 되는 순간입니다.

따라서 PDF 전자책을 기획할 때는 그 외 여러 매체에 분량을 적절히 분배하고 한 지식 콘텐츠를 다 읽으면 다음 정보를 얻고 싶어지도록 연결고리를 만들어두는 게 좋습니다(저는 마지막 장에 제가 운영하는 카페 주소를 적었습니다). 가진 노하우가 100이라면 유튜브와 블로그 50, PDF 전자책 70, 온라인 강의 80, 오프라인 강의 90, 일대일 컨설팅 100으로 내용을 분배하는 거죠. PDF 전자책 하나만 팔고 싶다면 모든 정보를 담아야겠지만요.

도용도 마찬가지입니다. 도용당한 사실을 알기도 힘들뿐더러 대응하는 데 너무 시간이 오래 걸립니다. 원래 어떤 책이나 유튜브 영상이 유행하면 그와 비슷한 콘셉트의 지식 콘텐츠가 쏟아집니다. 이걸 일일이 막기는 힘들죠. 그래서 저는 PDF 전자책에 도용돼도 상관없는 정보만 공개합니다. 또한 '따라올 테면 따라와봐' 정신으로 계속 공부하며 정보의 질을 높입니다. 이걸 '초격차'라고 부르죠?

도용하는 사람은 늘 도용만 합니다. 그런 사람은 발전이 없습니다. 장기적으로 살아남지 못할 가능성이 크죠. 제대로 시작하기도 전에 이런 문제까지 너무 예민하게 신경 쓰지 않는 게 좋습니다. 이 업계에서는 이런 일이 생길 수밖에 없거든요.

두 번째 파이프라인
오프라인 강의

오프라인 강의를 해야 하는 이유

PDF 전자책을 첫 번째 파이프라인으로 선정한 이유가 있습니다. 일단 시작하면 자신의 노하우를 정리한 결과물이 생기고 이를 다른 형태로 가공해 사용하기 편리하기 때문입니다. 예컨대 PDF 전자책을 바탕으로 대본을 만들어 강의하면 수익을 더 증가시킬 수 있죠. 한 콘텐츠를 활용해 여러 수익원을 확보하는 겁니다. 이번 챕터에서는 '지식 창업의 꽃'이라고 부르는 오프라인 강의에 대해 이야기해보겠습니다.

사람을 만나는 일을 좋아하나요? 오프라인 강의의 본질은 사람을 대하는 서비스업입니다. 좋은 지식 콘텐츠를 제공하는 게 목적이죠. 그리고 고객을 만족시키려면 여러 가지 고려해야 하는 점이 많습니다. 에너지가 많이 들죠. 저 역시 주 2회 오프라인 강의를 할 때 정말 힘들었습니다.

그럼에도 불구하고 지식 창업을 시작한다면 오프라인 강의는 꼭 해봐야 합니다. 소비자를 직접 만나 그들이 무엇을 원하는지 들을 수 있는 매우 귀한 시간이기 때문입니다. 유튜브에서 구독자 10만 명을 모아도 그 사람들이 어떤 사람들인지 제대로 알기는 힘듭니다. 하지만 오프라인 강의에서는 딱 열 명만 만나도 주로 어떤 사람들이 나를 찾는지 감을 잡을 수 있습니다. 그렇게 얻은 정보를 활용해서 지식 콘텐츠를 계속 다듬어야 합니다.

또한 소비자를 만나는 일은 지식 창업에 강력한 동기를 부여합니다. 내가 누군가에게 도움이 된다는 걸 직접 느낄 수 있기 때문입니다. 이뿐만 아니라 오프라인 강의는 기업 강연, 일대일 컨설팅 등으로 이어집니다. 그러면 회당 100만 원 이상의 고수익 파이프라인을 만들 수 있죠.

오프라인 강의의 종류

강사에 따라서 용어가 조금씩 다르기는 하지만 오프라인 강의의 종류로는 크게 세 가지가 있습니다.

첫 번째 유형은 원데이 클래스입니다. 적게는 4~6명, 많게는 20명 이상을 대상으로 한 일회성 강의를 말합니다. 하루 안에 모든 과정이 끝나기 때문에 원데이 클래스라고 합니다. 저도 원데이 클래스로 첫 수익을 냈죠.

수업 내용을 하루 만에 모두 가르쳐주기 어렵다면 어떻게 할까요? 두 번째 유형인 워크숍을 합니다. 워크숍은 원데이 클래스와 비슷한 규모로 모객하되 네다섯 시간씩 이틀에 걸쳐서 진행하는 게 일반적입니다.

워크숍보다 더 오래 수강생과 함께하면서 실질적인 변화를 만들어내고 싶다면 세 번째 유형인 코칭이 있습니다. 짧게는 3~4주, 길게는 3개월 이상 한 명 또는 소수의 인원을 집중적으로 가르치는 겁니다. 주로 제가 선호하는 방식입니다. 일대일 컨설팅도 여기에 포함이 됩니다.

수업 내용의 깊이로 따지면 코칭 → 워크숍 → 원데이 클래스 순으로 심도가 있습니다. 가격도 이 순서대로 비싸죠.

어떤 플랫폼을 이용해야 할까?

우선 오프라인 강의를 판매할 지식 공유 플랫폼으로는 크몽, 탈잉, 프립, 숨고, 솜씨당을 추천합니다. 각 플랫폼의 특징은 앞서 자세히 소개했죠?

오프라인 강의를 시작할 때 어떤 플랫폼에서 먼저 모객해야 하는지 궁금해하는 사람들이 많습니다. 일단 순서 상관없이 다 올려보세요. 어디서 반응이 올지 모르니까요. 제 경우 PPT로 카드뉴스 만들기 강의를 할 때 크몽, 탈잉, 프립에서 판매를 시작했는데 의외로 프립에서 가장 반응이 좋았습니다. 저는 크몽에서 반응이 제일 많을 줄 알았거든요. 조금 번거롭더라도 최대한 다양한 플랫폼에서 여러 소비자를 만나보세요.

강의 장소 섭외 시 주의사항

저는 강의 장소를 대관할 때 주로 '스페이스 클라우드'(space cloud.kr)라는 플랫폼을 이용합니다. 이곳에서 세미나룸, 스터디룸 카테고리를 찾아보면 됩니다.

인원 대비 적당한 공간을 대여해야 합니다. 오프라인 강의를 처음 하는 경우 보통 수강생이 많지 않기 때문에 4~5인 정원의 스터디룸을 섭외하는 걸 추천합니다. 모객이 되지 않아 강의가 취소되거나 갑자기 불참자가 생길 수도 있으니 언제까지 예약을 취소할 수 있는지도 꼭 확인해야 합니다. 또한 대관 시간은 강의 시간 앞뒤로 30분 정도의 여유를 두는 게 좋습니다.

대관료를 적절한 선으로 유지하는 것도 중요합니다. 대관료에 따라 강의료도 결정되기 때문입니다. 저는 대관료를 수강생 한 명에 시간당 1,500~2,000원으로 잡았고, 인원에 상관없이 계산할 때는 한 시간에 1만~1만 5,000원으로 잡았습니다(저는 노트북이 필요한 수업이라 강의 장소를 선택하기 까다로웠는데 그렇지 않다면 대관이 한결 수월할 거예요).

'어차피 강의를 계속 할 테니 나만의 강의 장소로 사무실을 구해야겠다'고 생각하지는 마세요. 갑자기 사정이 생겨 강의를 그만둬야 할 수도 있으니까요. 우리는 전문 강사가 아니라 고정비를 최대한 줄여야 합니다. 대관료로 매달 50만~100만 원이 나가면 그때 개인 사무실을 얻는 걸 고려해야 합니다. 또한 정기적으로 예약하다 보면 매니저(혹은 점주)가 대관료를 할인해주는 경우도 있습니다. 이들과 좋은 관계를 유지하면서 혜택을 받는 게 좋습니다.

강의안을 만드는 방법

자, 그럼 강의안은 어떻게 만들까요? 오프라인 강의에서 강의안을 작성할 때가 가장 힘들긴 합니다. 하지만 일단 강의안을 만들어두면 크게 고칠 일이 없고 수익을 내는 무기가 하나 만들어지니 든든하죠. 시작하기도 전에 너무 겁먹을 필요는 없습니다. 우선 목차를 채우고 단계화를 시키면 됩니다.

목차를 채우는 방법부터 설명하겠습니다. 저는 보통 두 시간 분량으로 강의를 준비합니다. 두 시간 동안 혼자서 어떻게 이야기하느냐고요? 생각보다 간단합니다.

우선 선택한 주제를 네 개 목차로 쪼개보세요. 그리고 각 목차에 세 개의 소목차를 집어넣습니다. 그럼 총 열두 개의 소목차가 생기겠죠? 그 소목차 하나당 10분을 잡는 겁니다. 10분 동안은 어떻게든 이야기할 수 있지 않나요? 10분 분량의 이야기를 열두 번 하면 120분이 되겠죠? 그렇게 강의를 직접 하다 보면 두 시간도 짧다고 느껴질 겁니다.

두 번째는 단계화입니다. '3단계', '네 가지' 등의 표현을 사용해 강의 주제를 메뉴얼로 만들면 가르치는 사람도, 듣는 사람도 효과적으로 내용을 숙지할 수 있습니다.

어떤 일을 잘하는 것과 가르치는 건 다릅니다. 대부분의 노하우는 정형화돼 있지 않고 스타일화돼 있습니다. 노하우를 말이 아닌 몸으로 자연스럽게 체득해서 누군가에게 말로 전달하기 난해하다는 뜻입니다. 단계화는 이렇게 스타일화된 지식을 정형화된 형태로 만드는 기술입니다.

평소 프리킥을 잘 찬다고 가정해봅시다. 누군가 어떻게 프리킥을 잘 차는지 물으면 '그냥 몸이 가는 대로 찬다'고 답할 가능성이 큽니다. 이걸 강의에서 가르친다면 어떻게 해야 할까요? 간단합니다. 이런 식으로 단계를 만들면 됩니다.

골키퍼가 막을 수 없는 프리킥을 차는 4단계 노하우

1. 공에서 5~7m 뒤로 떨어진다.
2. 시선은 공을 넣고 싶은 지점을 향한다.
3. 공의 궤적을 상상하며 발등에 닿는 공의 위치를 생각해본다.
4. 왼발부터 도약해 공을 찬다.

어떤가요? 이렇게 노하우를 정형화시키는 기술은 지식 창업에 있어 핵심적인 역량입니다. 그래도 감이 잘 안온다면 제가 이 책을 어떻게 서술하고 있는지 한 번 살펴보세요. 저는 단계, 순서를 적극적으로 이용합니다.

강의 만족도를 높이는 방법

어떻게 수강생을 만족시키는 강의를 할 수 있을까요? 여기에는 여러 가지 방법이 있습니다.

우선 강의에 반드시 새로운 정보를 넣어야 합니다. 다른 유튜브나 블로그에서 흔히 볼 수 있는 내용으로 강의를 구성하면 안됩니다. 그럼 어떻게 새로운 정보를 창조해야 할까요? 바로 융합하는 겁니다.

A라는 책에 a라는 의견이 있고 B라는 책에 b라는 의견을 있다고 가정해봅시다. 그 두 권의 책에서 a와 b를 융합해 C라는 의견을 내놓아야 합니다. 좋은 정보를 최대한 흡수하고 효과적인 표현 방식을 벤치마킹하는 게 중요하지만 절대 다른 사람을 똑같이 따라 해서는 안 됩니다. 내 콘텐츠를 봤을 때 다른 사람의 콘텐츠가 생각이 나지 않아야 합니다.

또한 저는 강의할 때 수강생들이 기대하는 내용 이상을 알려주려고 노력합니다. 특히 참고 자료를 많이 제공합니다. '카피라이팅을 잘하는 네 가지 방법'에 대해서 강의한다고 치면 카피라이팅 실력을 기르는 데 도움이 되는 참고 도서와 사이트를 추가로 알려주는 거죠. 수강생들이 강의가 끝나고 따로 공부할 수 있게 말이에요. 이렇게 강의 내용과 별도로 보강할 수 있는 자료를 함께 소개하면 기대보다 많이 가르쳐준다는 인상을 줘 강의 만족도가 높아집니다.

수강생이 내 지식 콘텐츠를 클릭하고 구매하고 수강하고 후기를 달 때까지의 과정을 짚어보면서 각 단계에 어떤 친절한 서비스를 제공할 수 있는지 생각하는 것도 추천합니다. 저는 우선 강의 신청 당일에는 신청 안내 문자 메시지를 보내고 강의 하루 전에는 내일 강의라는 걸 한 번 더 인지시켜준 뒤 주의사항을 전달했습니다. 강의 당일에는 강의 장소 약도와 오는 방법까지 한 장짜리 이미지를 따로 제작해 문자 메시지로 보냈습니다.

또한 강의 시간에 수강생들이 배고프지 않게 1인당 1,000원 정도의 간식을 준비해 포장한 뒤 수강생 이름을 직접 적어 붙였습니다. 수업 전에는 누가 어디에 앉았는지 미리 알 수 있게 포스트잇으로 좌석 배치표를 만들었습니다. 수업 중에 수강생들의 이름을 부르기 위해서였는데 이 덕분에 수업의 몰입도가 꽤나 상승했습니다. 강의를 마치면 조심히 돌아가라는 인사와 함께 후기를 써달라는 말을 문자 메시지로 전했습니다.

반드시 저처럼 모든 걸 해야 할 필요는 없습니다. 하지만 이런 사소한 친절이 강의의 만족도를 높입니다. 좋은 강의를 만드는 나만의 전략을 개발해보세요.

그림3. 허대리가 받은 실제 리뷰

 ★★★★★ 2018년 10월 12일 21:38 작성

너무 즐겁고 유익했어요! 완전 쉽게 설명해주셔서 좋았어요 ㅎㅎ
단순히 PPT 기술만 알려주시는 게 아니라
1 카드뉴스 기획하는 법
2 아이디어 참고할만한 사이트들
3 어떤 방향을 염두해두고 해야 하는지도 설명해주셔서 좋았어요! 제가 딱 원하던 방향이었어요ㅎㅎ
대학생때 발표하면 항상 PPT담당하곤 했어서, 어느정도는 할 줄 안다고 생각했는데
PPT를 이런 방향으로 활용할 수 있을 거라고는 생각 못했었거든요
PPT 다룰 줄 아시는 분이 가셔도 아깝지 않을 유익한 강의예요 :)
아 물론 PPT 잘 못하시는 분이 가시는 것도 진짜진짜 강추해요!

 ★★★★★ 2018년 4월 23일 12:57 작성

차근차근 자세하게 알려주셔서 너무 좋았어요 :)
일분일초가 아깝지 않았던 정말 유익한 수업이었어요!!
강추해요!! 다음에 새로운 강좌 생기면 또 듣고 싶어여!!짱짱

 ★★★★★ 2018년 5월 18일 22:44 작성

한시간 반동안 너무 알찬 시간이었습니다~
아무데서나 돈주고도 쉽게 배울수 없는 콘텐츠 기획 및 제작에 관한 팁을 아낌없이 퍼주셔서 정말 감사합니다 ~
하시는 일 늘 번창하시고 행운이 가득하시길 바랍니다 ^^!
호기심에 들었는데 기대 이상으로 많이 배우고 가네요~~bbb
다음에도 좋은 강의 기대합니다.
아쉬운점은~~ 정말 없네요->.<ㅋ

강의 잘하는 사소한 꿀팁

쑥스럽지만 사람들이 제게 자주 하는 질문 중 하나가 '어떻게 그렇게 강의를 잘하느냐'입니다. 물론 저보다 뛰어난 강사들은 많겠지만 여태까지 제 강의를 듣고 불만족했던 클라이언트가 없었습니다(헤헷). 그 노하우를 소개하겠습니다.

첫 번째 팁은 철저하게 준비하는 겁니다. 사실 저는 강의를 그렇게 좋아하는 사람이 아닙니다. 사람들 앞에서 말하는 일 자체가 떨리기도 하고 임기응변에 능한 편이 아니기 때문입니다. 당황하거나 긴장을 하면 땀이 비 오듯 쏟아집니다.

그래서 항상 준비를 많이 했습니다. 42번 슬라이드에서 무슨 말을 해야 하는지, 10번 슬라이드에서는 어떤 표정으로 말해야 하는지 전부 숙지하고 강의에 임했습니다. 준비를 많이 하면 자신감이 알아서 생기더군요.

두 번째 팁은 강의를 즐겁게 만드는 겁니다. 만약 평소 말로 농담을 할 줄 모른다면 재미있는 자료를 보여줘도 됩니다. 저 역시 농담 실력이 뛰어나지 않습니다. 목소리도 중저음이라서 무슨 이야기를 해도 진지하게 느껴집니다. 그래도 강의는 즐거워야 합니다. 상황에 맞는 웃긴 자료를 많이 준비하세요. 수강생들이 피식하게라도 만들면 됩니다.

세 번째 팁은 강의 시작 직후 10분을 사로잡는 겁니다. 당신의 강의를 듣는 사람들은 당신이 운전하는 차에 탑승한 사람입니다. 따라서 이들이 불안해하지 않도록 주행을 시작하기 전에 목적지는 이곳이고 이런 경로로 갈 거라고 안내하는 게 좋습니다. 네비게이션을 보여주는 거죠. 강의 초반 10분은 앞으로 이 강의가 어떤 순서로 진행될지 충분히 설명하는 시간이라고 생각해보세요.

네 번째 팁은 모르는 질문을 받으면 모른다고 솔직하게 답하는 겁니다. 사람들이 오프라인 강의를 주저하는 이유는 두려움 때문입니다. 수강생이 혹시라도 내가 모르는 걸 물어볼까 봐요. 강의하는 분야의 모든 내용을 알면 이 두려움을 극복할 수 있을까요? 사실상 그러기는 불가능합니다. 모든 질문을 예측하고 그에 대비하기는 쉽지 않으니까요. 하지만 해결 방법이 있습니다. 잘 모르는 내용에 대한 질문을 받으면 '음, 글쎄요. 저도 잘 모르겠습니다'라고 답하는 겁니다.

강의에서 모든 문제의 정답을 이야기해줄 필요는 없습니다. 아는 것만 충실하게 알려줘도 됩니다. 애초에 그렇게 할 수 없다는 걸 먼저 인정하세요. 앞으로 모르는 질문이 들어오면 이렇게 이야기해보세요.

그림4. 허대리가 수강생과 주고받은 실제 문자

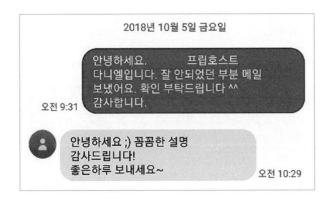

'솔직히 말씀드리면 잘 모르겠습니다. OOO가 아닐까 생각하는데요. 수업 끝나고 정확히 찾아보고 꼭 답변해드리겠습니다.'

여기서 '~가 아닐까'라고 자신의 생각을 꼭 밝히는 게 중요합니다. 나름의 견해를 지니고 있다는 걸 이야기해줘야 강사에 대한 신뢰가 사라지지 않기 때문입니다. 그냥 무작정 모르겠다고 답하면 성의 없게 느껴질 수 있습니다.

제 경우 PPT를 다루는 강의를 할 때 실습 도중 PPT 기능을 질문하는 수강생들이 많았습니다. 그러나 제가 PPT에 있는 모든 기능을 알고 있을 리는 없었습니다. 게다가 맥북을 사용하는 수강생이 질문하면 메뉴의 위치가 생소해 더욱 당황했습니다. 이런 일을 몇 차례 겪자 나름의 대처법이 생겨 수업 시작 전 이렇게 공지했습니다.

"제가 카드뉴스를 만들기 위한 PPT 기능은 잘 알지만 PPT의 모든 기능을 다 알지는 못합니다. 그래서 실습 도중 안 되는 부분이 있을 수 있는데요. 되도록 바로 봐드리려 하겠지만 시간이 오래 걸리는 거면 따로 남아서 가르쳐드리거나 수업이 끝나고 문자로 답해드리겠습니다."

중요한 건 잘 모르는데 아는 척하지 않는 겁니다. 티가 납니다. 모르면 그냥 모른다고 답하고 나중에 찾아서 알려주면 됩니다. 이런 진정성 있는 모습에 수강생들은 더욱 만족할 겁니다.

세 번째 파이프라인
온라인 강의

언택트 시대 최고의 머니 파이프라인

오프라인 강의를 활발하게 하고 있다면 그 콘텐츠를 바로 온라인 강의로 연결하는 게 좋습니다. 아니, 좋은 수준이 아니라 반드시 온라인 강의를 하세요!

온라인 강의는 한 번 만들어두면 크게 손보지 않아도 되기 때문에 막강한 머니 파이프라인이 됩니다. 최근에는 비대면 시장이 점점 활성화되면서 온라인 강의의 수요가 날이 갈수록 증가하고 있습니다.

온라인 강의 플랫폼을 어떻게 이용할까?

온라인 강의 플랫폼의 종류는 매우 다양합니다. 대표적으로 크몽, 인프런, 베어유(bear-u.com), 클래스101, 에듀캐스트, 탈잉 등이 있습니다. 플랫폼의 수수료는 20~50퍼센트까지 천차만별입니다. 각 플랫폼마다 규정이 조금씩 다르고 이용 방법도 그때그때 달라지기 때문에 강의를 시작하기 전에 꼭 자세히 알아보세요.

대부분의 온라인 강의 플랫폼에는 진입장벽이 있습니다. 플랫폼 매니저들이 먼저 연락을 취하거나 강사가 수업을 직접 신청해서 그 플랫폼의 기준에 적합하면 강의를 판매할 수 있죠. 그래서 인스타그램이나 블로그, 유튜브 등으로 구독자를 미리 확보하면 강의의 수요를 증명할 수 있기 때문에 플랫폼에 입점하기가 수월합니다.

예외적으로 크몽은 진입장벽이 낮습니다. 크몽에서는 온라인 강의 영상을 미리 준비하고 주문이 들어오면 소비자에게 직접 그 영상을 보내주면 됩니다. 영상 원본을 그대로 전달하기도 하고 유튜브에 미등록으로 영상을 올려놓은 뒤 링크를 전송하기도 합니다.

꾸준히 팔리는 강의가 되려면

저는 유명 온라인 강의 플랫폼 회사에서 근무했습니다. 그때 특이한 현상을 하나 발견했습니다. 그 플랫폼에 많은 사람들이 너무나도 입점을 하고 싶어 한다는 겁니다. 일단 강의를 시작하기만 하면 평생 일하지 않고도 살 수 있을 것 같다는 환상을 품더라고요.

노동하지 않고 매달 연금처럼 강의 수익을 받는 삶이라니 상상만 해도 달콤합니다. 그런데 모든 강의가 그렇게 저절로 팔리지는 않습니다. 온라인 강의는 플랫폼에 입점시키기도 까다롭지만 판매를 유지하는 것도 어렵습니다.

온라인 강의 플랫폼에서 모든 강의가 잘 팔리는 건 아닙니다. 잘 팔리는 강의는 전체 강의의 20퍼센트가량 됩니다. 오랜 기간 꾸준히 팔리는 강의는 그것보다 적습니다. 상위 10~20퍼센트에 들어야만 꾸준한 수익을 담보할 수 있습니다.

그도 그럴 게 플랫폼이 모든 강의에 비용을 들여가며 홍보할 수는 없습니다. 강의 오픈 초기에는 플랫폼 측에서 상위 노출, SNS 광고 등으로 트래픽을 만들어줍니다. 하지만 새로운 강의가 계속 올라오는데 강의 하나만 계속 홍보할 수 없는 노릇이죠. 그렇게 홍보가 끊기면 트래픽은 멈춥니다.

하지만 기죽지 마세요. 대처법은 있습니다. 셋 중에 하나가 되면 됩니다. 엄청 유명해지거나, 자기만의 채널을 가지거나, 강의가 특별하거나. 여기서 가장 현실적이고 쉬운 방법은 당신의 채널을 만드는 겁니다.

'결국 유튜브 시작하라는 거잖아…'라고 생각할 수도 있습니다. SNS 채널 관련해서는 후술하겠지만 지식 콘텐츠는 트래픽이 존재해야만 꾸준히 팔립니다. 따라서 그 트래픽을 만들어줄 수단이 필요합니다. 반드시 유튜브일 필요가 없습니다. 블로그, 브런치(brunch.co.kr)도 좋습니다.

오랫동안 사랑받는 강의가 되려면 그 강의를 통해 발생된 아웃풋이 지속적이어야 합니다. 이건 바이럴 마케팅의 영역입니다. 예를 들어 'PDF 전자책으로 월 30만 원 수익 내기'라는 온라인 강의를 열었다고 가정해보겠습니다. 그 강의를 들은 사람들이 진짜 수익을 낸다면 아웃풋이 만들어진 겁니다. 나아가 그들이 자신의 블로그나 유튜브에 강의를 적극적으로 홍보하거나 관련 커뮤니티를 만들면 더욱 홍보가 되겠죠? 이렇게 입소문을 타면 롱런할 수 있습니다.

지식 콘텐츠를 만드는 목적은 판매하기 위해서만이 아닙니다. 사람들을 변화시키기 위해서입니다. 이 목적을 잊지 말고 온라인 강의를 제작하세요. 분명 오래 살아남을 겁니다.

온라인 강의 만족도를 높이는 방법

앞서 온라인 강의는 한 번 만들면 계속 사용할 수 있어 편리하다고 이야기했습니다. 그런데 온라인 강의에는 치명적인 단점이 있습니다. 바로 일단 플랫폼에 올리면 수정이 쉽지 않다는 점입니다. 바로 수정하기도 어려운데 강의에 불만족했다는 부정적인 후기까지 달리면 곤란해지겠죠?

온라인 강의의 만족도를 올리는 첫 번째 방법은 강의를 짧게 만드는 겁니다. 만족도는 주관적인 수치입니다. 내가 생각하기에 아무리 내용이 좋아도 소비자에게 제대로 전달이 되지 않으면 소용이 없습니다.

영상이 길면 소비자들은 집중력을 잃습니다. 따라서 강의 하나의 분량은 5~7분이 적절합니다. 어쩔 수 없이 설명이 길어지면 1부, 2부로 나누거나 영상 초입에 '이번 영상은 기니까 정신 바짝 차리세요'라고 언급하면 좋습니다.

두 번째는 애프터서비스를 해주는 겁니다. 온라인 강의를 수강하고 생긴 궁금증을 해결하지 못한 소비자는 불만족스럽다는 후기를 남길 수 있습니다. 따라서 이메일로 추가 질문에 답변을 해주거나 2~3회 정도 컨설팅을 해주는 애프터서비스를 상품에 포함시키면 좋습니다. 이때 애프터서비스에 시간을 많이 뺏기지 않게 조심해야 합니다. 다행히 사람들이 궁금해하는 내용은 대부분 거기서 거기고 한 사람이 2~3회 이상 질문하지 않기는 하지만요.

세 번째는 덤을 하나 주는 겁니다, 강의 상품에 포함돼 있지 않은 추가 자료를 제공해봅시다. 앞서 살펴본 PDF 전자책 비즈니스 팁과도 비슷한데요. '유튜브 잘하는 법'에 대한 온라인 강의를 한다면 서비스로 '유튜브 썸네일 템플릿 10종 세트'라든가 '매력적인 제목을 쓰는 방법' 같은 PDF 전자책을 보내줘서 만족도를 높일 수 있습니다.

네 번째 파이프라인 블로그

누가 요즘 블로그 하느냐고?

유튜브가 등장하면서 블로그는 한물 간 매체라고 생각하는 사람들이 많습니다. 하지만 저는 그 의견에 동의하지 않습니다. 오히려 최근 블로그에 새로운 시대가 열렸습니다. 유튜브로 양질의 지식 콘텐츠가 쏟아지면서 사람들의 콘텐츠 소비 능력도 함께 향상됐기 때문입니다. 좋은 정보를 추구하고 발견하는 대중의 능력이 높아진 거죠.

유튜브는 무거운 플랫폼입니다. 콘텐츠의 제작 비용이 큽니

표1. 콘텐츠 형식에 따른 제작 비용과 전달력 비교

	블로그	카드뉴스	유튜브
제작 비용	적음	보통	많음
전달력	보통	좋음	매우 좋음

다. 일주일에 2회 이상 영상을 업로드하기 힘들 정도로 제작하는 데 시간과 에너지가 많이 필요합니다. 그만큼 제작자가 대중에게 제공할 수 있는 정보의 양에 한계가 있죠. 반면 블로그는 가벼운 플랫폼입니다. 글을 하루에 두 번도 쓸 수 있고 게시글 수정이 자유롭습니다. 글을 올리는 데 특별한 기술이 필요하지도 않습니다. 양질의 정보만 잘 담으면 소비자를 만나는 통로로 매우 좋은 플랫폼입니다.

그래도 글이 영상보다 파급력이 낮지 않느냐고요? 글도 영상만큼 전달력이 좋습니다. 영상이 더 이해하기 쉽게 느껴질 수 있지만 글이 반드시 파악하기 어려운 건 아닙니다. 글이냐 영상이냐는 그저 콘텐츠를 담는 그릇의 차이일 뿐입니다.

글은 이미지나 영상보다 제작 비용이 적습니다. 나아가 꾸준히 글 쓰는 훈련을 하면 전달력을 더욱 보완할 수 있죠. 글이라서 덜 확산되고 영상이라서 더 확산되는 게 아니라 그 안에 담기는 내용물이 관건입니다.

네이버 블로그는 여전히 우리나라 검색 시장의 과반수를 차지하고 있습니다. 그중 작은 파이만 확보해도 월급에서 독립할 만큼 수익을 만들 수 있습니다.

블로그 플랫폼의 종류

블로그 플랫폼으로는 대표적으로 네이버 블로그, 워드프레스(ko.wordpress.org), 티스토리(www.tistory.com), 브런치 등이 있습니다. 그중 네이버 블로그와 티스토리는 가입만 하면 바로 글을 쓸 수 있다는 장점이 있습니다.

한편 워드프레스는 네이버 블로그와 티스토리에 비해 자유도가 높습니다. 결제 시스템, 정기 구독 등 수익화에 필요한 여러 기능을 추가할 수도 있죠.

브런치는 카카오에서 운영하는 플랫폼입니다. 이곳에 글을 쓰기 위해서는 플랫폼에 글을 보내 작가로 인정받아야 합니다. 등록 과정이 다른 매체보다 까다롭지만 소비자들에게 전문성을 갖고 있다는 인상을 줄 수 있습니다.

그래서 블로그로 수익을 어떻게 낸다는 거야?

물론 블로그 하나만으로는 수익을 극대화하기 어렵습니다. 블로그로 유입된 트래픽을 PDF 전자책이나 강의 같은 다른 머니 파이프라인으로 연결시키는 노력이 필요합니다. 블로그를 본진으로 사용하고 인스타그램, 페이스북 등의 SNS 채널을 같이 이용하는 것도 한 방법입니다.

블로그 수익 창출법을 이야기하면 대부분 티스토리에서 애드센스를 이용하는 방법을 떠올릴 겁니다. 구글 애드센스에 승인을 받고 블로그에 광고 배너를 부착하는 형태죠.

하지만 저는 개인적으로 이 방법을 추천하지 않습니다. 물론 애드센스 블로그를 운영해서 월급 이상의 돈을 버는 사람도 존재합니다. 그러나 제가 이 책에서 소개하고 싶은 건 지식 창업 방법입니다. 지식 창업은 브랜딩에 기초합니다. 양질의 정보를 전달해서 수익을 창출해야 하는데 내 글에 광고가 덕지덕지 붙어 있으면 소비자에게 어떤 인상을 줄까요? 일단 글을 보는 데 불편함이 있겠죠.

또한 애드센스 블로그는 트래픽에 따라 수익이 달라집니다. 그래서 검색률이 높은 키워드 위주로 포스팅을 많이 하게 되죠. 그것보다는 차라리 광고를 달지 않더라도 자기만의 글을 정성

들여 써서 지속적인 방문자를 만들고 다른 머니 파이프라인을 연결하는 게 좋습니다. 샐러드 레시피를 공유하는 블로그를 운영한다고 치면 방문자가 1,000명 정도 될 때까지 사람들이 좋아하는 레시피를 꾸준히 올려 원데이 클래스를 오픈하거나 요리책을 출간할 수 있습니다. 또는 독서 리뷰를 공유하는 블로그를 운영하며 꾸준히 방문자를 모아 4주간 책 네 권을 읽고 토론하는 유료 독서 모임을 열 수 있겠죠.

블로그를 시작하는 사람들은 대부분 상위 노출에 집착합니다. 그래야 방문자가 늘어날 거라고 생각하니까요. 그래서 블로그 주제와 관련 없는 키워드를 확보하기 위해 맛집, 영화 후기 같은 포스팅을 씁니다. 하지만 생각해볼 지점이 있습니다. 그렇게 해서 들어온 사람이 소비자가 될까요?

가령 저는 헬스장에서 블로그 방문자를 늘리겠다며 지역 맛집 포스팅을 올리는 걸 본 적이 있습니다. 하지만 그 글을 읽기 위해 블로그에 들어오는 사람들은 맛집 정보가 알고 싶은 사람이지 운동에 관심 있는 사람이 아닙니다. 키워드를 잘 선정해서 일일 방문자가 1,000명이 돼도 헬스장 회원을 모집하겠다는 목적에는 아무짝에도 쓸모없는 트래픽입니다.

진짜 고수들은 상위 노출을 공략하되 집착하지 않습니다. 상위 노출은 사람들에게 내 글을 보여주는 방법 중 하나일 뿐입니다. 고수는 페이스북, 인스타그램이나 네이버 카페 등 다른 채널을 적극 이용해 자신의 글을 노출시킵니다. 페이스북과 인스타그램에서 친구를 맺고 타임라인에 양질의 정보를 공유한 뒤 더 자세한 글을 보고 싶으면 블로그에서 확인하라고 하는 거죠.

페이스북의 유행이 끝났다고 생각하는 사람도 있을 겁니다. 하지만 CEO, 마케터, 스타트업 관련 종사자들은 여전히 페이스북을 활발하게 이용합니다. 이들이 나의 블로그 글을 공유를 해준다면 양질의 트래픽을 얻을 수 있겠죠.

다섯 번째 파이프라인 유튜브

현존하는 플랫폼 중 가장 공평한 알고리즘

최근 유튜브의 영향력은 굳이 설명하지 않아도 모두 알 겁니다. 유튜브가 최고의 플랫폼인 이유는 단순히 사람들이 많이 사용하기 때문이 아닙니다. 유튜브의 가장 큰 장점은 알고리즘이 공평하다는 겁니다.

지금까지 다른 콘텐츠 플랫폼 이용자들은 콘텐츠의 상위 노출과 검색 최적화SEO, search engine optimization에 집착해왔습니다. 하지만 유튜브는 그럴 필요가 없습니다. 내용이 좋은 콘텐츠라면 발행일이 1년 전이든 2년 전이든 이용자에게 보여주기 때문이죠. 유튜브 세상에서 사람들이 해당 콘텐츠를 좋아하지 않을 때까지 추천해줍니다.

따라서 유튜브에 꼼수나 편법 같은 건 없습니다. 그저 좋은 콘텐츠를 만들면 되니까요. 유튜브는 여러 머니 파이프라인 중에서도 특히 중요한 수익원입니다. 이제 유튜브 성장 전략부터 콘텐츠 제작까지 모든 걸 소개하죠!

구독을 부르는 유튜버 유형

유튜브에서 구독자를 잘 모으는 방법은 간단합니다. 사람들이 갖고 있는 욕구를 해결해주면 됩니다. 쉬워 보이지만 정말 중요한 이야기입니다.

사람들이 N잡하는 허대리라는 채널을 구독하는 이유가 뭘까요? '월급 말고 내 힘으로 경제적 자유를 이루고 싶다'는 욕구를 충족하고 싶어서입니다. 저는 그 문제를 해결할 방법을 알려주고요. 이렇게 잘되는 유튜버는 항상 구독자의 욕구를 해소시켜줍니다.

그럼 유튜브 세상에는 어떤 욕구들이 존재하고 어떻게 그걸 해결해주고 있을까요? 크게 다섯 가지 유형으로 나눠봤습니다.

잘되는 유튜버의 유형

- 즐거움을 주는 유형: 단순한 재미뿐만 아니라 행복함, 연예
  인을 보는 흐뭇함 등을 제공하는 유형(예: 조충현-개그, 블개-
  게임, 한예슬-연예인, 떼껄룩-음악)
- 문제를 해결해주는 유형 : 주로 교육 콘텐츠로 사업, 직무 등
  여러 주제와 관련된 어려움을 해결하는 유형(예: 자청-사업,
  박세니-심리, 비됴클래스-영상, 존코바-디자인, 김달-연애고민)
- 긍정적인 정서를 만들어주는 유형: 구독자에게 영감을 불어
  넣거나 자기계발 동기를 부여하는 유형(예: 포크포크-감동, 체
  인지그라운드, 잭스파이어스-동기부여)
- 똑똑하게 만들어주는 유형: 몰라도 사는 데 지장은 없지만
  알아두면 좋은 지식을 알려주는 유형(예: 사물궁이-상식, 씨리
  얼-사회, 1분 과학-과학, 이슈왕-사회, 효기심-역사)
- 미디어 유형: 주로 언론사 채널과 같이 미디어 역할을 하는
  유형(예: 비디오 머그, 닷페이스, 14f-사회 소식)

한 유튜버가 꼭 하나의 욕구만 충족해주는 건 아닙니다. 문제
를 해결해주는 동시에 즐거움을 줄 수도 있죠. 예를 들어 제 채

널은 실질적인 문제를 해결해주면서(파이프라인 개척) 동기를 부여하는(월급 독립) 콘텐츠를 제공하고 있습니다. 정말 특이한 케이스가 아니라면 유튜버는 대부분 이 분류 안에 존재합니다.

하지만 이렇게 다양한 유형의 유튜버들에게도 공통점은 있습니다. 바로 타인에게 좋은 영향을 미치고 있다는 거예요. 꼭 기억해야 합니다. 사람들은 이기적인 사람에게 절대 끌리지 않습니다. 그래서 콘텐츠의 목적이 내가 아닌 타인을 향해야 합니다. 선한 영향력을 가져야 해요.

내가 가진 자원을 보고 이 다섯 가지 분류에 따라 유형을 정할 수 있겠죠? 이쯤 이야기하면 이런 생각이 들지 않나요? 이미 그 욕구를 충족해주는 사람이 있다고요!

레드오션 유튜브에서 살아남는 방법

안타깝게도 세상에는 너무 훌륭한 유튜버들이 많습니다. 유튜브를 시작하기 전에 사람들이 가장 망설이는 이유 역시 유튜브가 레드오션이라는 점입니다. 하지만 모든 기회는 레드오션에 존재합니다. 유튜브가 블루오션이었다면 어땠을까요? 아무도 이용하지 않아 조회수도 나오지 않을 겁니다.

제가 유튜브를 시작할 무렵인 2019년에도 레드오션이라는 이야기는 많았습니다. 계속 그런 말이 나올 겁니다. 유튜브뿐만 아니라 앞으로 시도할 모든 지식 창업이 레드오션일 가능성이 큽니다. 레드오션이 아닌 서비스는 일반인이 인지하지도 못할 가능성이 크거든요.

그럼 레드오션에서 살아남는 방법은 뭘까요? 차별화입니다. 유튜브 차별화에는 세 가지 요소가 있습니다. 바로 유튜버, 구독자, 콘텐츠죠. 하나하나 설명해보겠습니다.

1. 유튜버의 차별화

'술래잡기 할 사람 여기 붙어라!' 어릴 적 이런 노래 많이 불러 봤죠? 유튜브 구독의 원리가 이렇습니다. 유튜버가 여기 붙으라고 외치면 사람들이 엄지를 잡는 구조죠.

어렸을 때 이 노래를 들으면 제일 먼저 뭘 생각했나요? '엄지를 내민 저 아이랑 같이 놀고 싶은가' 아닌가요? 성격이 더럽고 치사한 친구와는 내가 좋아하는 놀이를 해도 손잡기 싫지 않았나요? 유튜브도 똑같습니다.

돈 버는 방법에 관심 있는 사람은 많습니다. 그들을 향해 '돈 버는 방법 공부할 사람 여기 붙어라'라고 말하면 구독자는 엄지를 내민 유튜버가 어떤 사람인지 탐색합니다. 똑같이 재테크 정보를 제공하더라도 꼼꼼하고 이성적으로 설명하는지, 사투리를 쓰고 친근하게 설명하는지, 차분하고 성실하게 설명하는지에 따라 구독자마다 선호도가 다릅니다. 자기 취향에 맞는 유튜버의 손을 잡는 겁니다. 그게 구독입니다.

이미 어떤 유튜버가 내가 하고 싶은 걸 하고 있다고 하더라도 포기하지 말고 차별화를 시도하세요. 성공한 게임 유튜버가 욕하고 화를 내며 게임한다고 따라 할 게 아니라 반대로 조용하고 차분하게 해보는 거죠. 이렇게 차별화를 하려면 이 질문에 답할 수 있어야 합니다.

'당신은 어떤 사람입니까?'

모든 유튜버가 다 재밌을 필요 없습니다. 모두 다 똑똑할 필요도 없고요. 사람들은 누가 잘됐다고 하면 그 사람을 다 모방하려고 합니다. 그러지 말고 가장 자연스럽게 잘할 수 있는 모습을 선택하세요.

2. 구독자의 차별화

구독자를 차별화한다는 건 구독자의 욕구를 세분화시킨다는 뜻입니다. 모든 욕구에는 큰 욕구가 있고 디테일한 욕구가 있습니다. 예를 들어서 '술 먹고 싶다'가 큰 욕구라면 '소맥 먹고 싶다', '칵테일 먹고 싶다' 같은 게 디테일한 욕구죠.

같은 유튜브를 구독하고 있다고 해서 구독자들이 모두 똑같은 욕구를 갖고 있는 게 아닙니다. 큰 욕구는 비슷할 수 있지만 세분화된 욕구에는 반드시 차이가 있습니다. 그럼 그 욕구는 어디서 발견할 수 있을까요? 바로 댓글입니다.

저는 어느 비즈니스 유튜버의 영상 댓글을 보다가 눈에 띄는 욕구 하나를 찾아냈습니다. 월 1,000만 원을 버는 방법을 알려주는 영상이었는데 '저랑은 너무 먼 이야기 같아요. 제가 할 수 있을까요?'라는 댓글을 발견했습니다.

그 댓글을 보고 저는 1,000만 원이 아니라 일단 지금 하는 일을 계속하며 자기 힘으로 적은 돈이라도 벌어보고 싶은 사람이 있지 않을까 생각했습니다. 그래서 월급 외 수익 100만 원을 만들고 싶은 사람을 모으는 영상을 제작한 거죠.

그때 이미 유튜브에는 저보다 훨씬 유명하고 큰돈을 버는 방법을 알려주는 유튜버들이 많이 존재했습니다. 그들과 정면으로 경쟁할 수는 없었죠. 저는 그들에 비하면 고작 100만 원 버는 방법을 알 뿐이었거든요. 이게 차별화 포인트라고 생각했습니다. 그래서 딱 100만 원 정도 버는 방법을 알려주고 더 큰돈을 벌고 싶으면 다른 유튜버를 보라고 이야기했습니다.

표2. 구독자의 욕구 쪼개기

돈 버는 방법		
세분화된 욕구		
(나는 딴건 모르겠고)	성별	여성이 돈 버는 방법
	연령	20대 대학생(본인 나이에서 위아래로 5세 정도)이 돈 버는 방법
	직업	개발자로 돈 버는 방법
	지역	호주에서 돈 버는 방법
	취향	무자본으로 딱 50만 원 더 버는 방법 주식으로 딱 50만 원 더 버는 방법 가죽 공예로 딱 20만 원 더 버는 방법
	가족	주부(기혼 여부에 따라 갈림)가 돈 버는 방법

여기서 제가 선택한 전략은 경쟁을 하지 않는 겁니다. 모두가 큰 욕구에서 1등이 될 필요는 없습니다. 그보다 세분화된 욕구에서 최초가 되면 되죠. 어떤 큰 욕구가 보인다면 그 안에 구독자의 어떤 다양한 욕구가 있는지 쪼개보세요. 그때 '나는 딴건 모르겠고'를 앞에 붙이면 더 수월하게 이해가 갈 겁니다. 예를 들어 '나는 딴건 모르겠고 20대 대학생이 돈 버는 방법 알려줄래'라고 차별화하는 거죠.

3. 콘텐츠의 차별화

사람들에게 비교적 빠른 시간에 사랑을 받고 급성장한 유튜버에게는 공통점이 있습니다. 모두 새로웠다는 거죠. 새로운 걸 좋아하는 건 인간의 본능입니다. 그렇다면 새로운 형식은 어떻게 만들어질까요? 섞으면 됩니다.

음악과 요리(과나), 게임과 성대모사(조충현) 이런 식으로 섞어보세요. 새로운 게 나옵니다. 저도 유튜브 영상을 볼 때 항상 여러 가지를 섞어봅니다. 예를 들어 영화와 심리를 섞어보면 어떨까요? '영화 보는 심리학자'로 영화에서 발견할 수 있는 심리 지식을 알려주는 거예요. 재밌을 거 같지 않나요(저는 말해놓고 안할 가능성이 크니까 하고 싶은 사람이 먼저 하세요)?

일단 목표는 1,000명

이제 채널 콘셉트에 대해 어느 정도 감이 왔나요? 그렇다면 어떻게 해야 구독자 수가 0인 채널에 사람들을 끌어모으고 채널을 성장시킬 수 있는지 이야기하겠습니다.

일단 목표를 구독자 1,000명으로 잡아봅시다. 유튜브에서 1,000명은 상징적인 의미가 있습니다. 구독자가 1,000명이 되면 광고 수익을 받을 수 있고, 그중 10퍼센트가 영상을 시청하면 조회수 100이 확보되니까요. 이들이 바로 시드 구독자가 될 수 있습니다.

1,000명에 도달하는 방법은 크게 두 가지가 있습니다. 첫 번째는 0명에서 차곡차곡 1,000명이 되는 방법, 두 번째는 0명에서 바로 1만 명이 되는 방법이죠.

구독자 0에서 1,000명을 만드는 방법

구독자를 모으려면 유튜브에서 영상의 조회수를 끌어올리는 방법을 먼저 알아야 합니다. 이 방법에는 검색, 외부 트래픽, 광고 이렇게 총 세 가지 요소가 있습니다. 순서대로 살펴볼게요.

1. 검색

검색은 유튜브에서 검색되는 키워드를 통해 조회수를 유입시키는 전략으로 세 가지 요소 중 가장 중요한 요소입니다. 제 첫 번째 영상을 확산시킨 방법이기도 합니다.

저는 첫 영상을 올릴 때 '직장인 투잡'이라는 키워드를 선점해서 유입시키는 전략을 썼습니다. 특정 키워드를 검색한 사람들

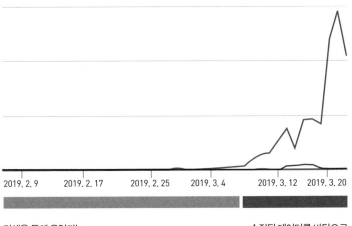

그림5. 유튜브 채널이 갑자기 확산되는 방식

2019. 2. 9   2019. 2. 17   2019. 2. 25   2019. 3. 4   2019. 3. 12   2019. 3. 20

검색을 통해 유입되는
유저의 데이터를 분석하는 기간

수집된 데이터를 바탕으로
유튜브 알고리즘의 선택을 받은 기간

이 그와 관련된 영상을 클릭하고 오래 시청하면 유튜브에서 키워드와 영상이 잘 매칭된다고 판단해 상위로 올려줍니다. 반대로 영상을 보고 기대와는 다르다고 빨리 나가버리면 검색 순위를 아래로 밀어버립니다.

영상을 올리고 초반에는 키워드 검색으로 유입되는 조회수가 굉장히 소소합니다. 제 영상에 반응이 온 것도 올리자마자가 아니라 어느 정도 시간이 흐른 뒤였죠. 처음에는 조회수가 하루에

5~9회 정도 오를 겁니다

유튜브는 한 콘텐츠에 검색으로 들어온 이용자를 분석해서 공통점을 찾아냅니다. 그렇게 어느 정도 데이터가 쌓이면 해당 키워드를 검색하지 않은 사람들도 그 영상을 좋아할 거라고 판단해 '홈' 탭에 추천해줍니다. '어라? 직장인 투잡을 검색한 사람들이 대부분 이 유튜버를 구독하고 있네? 그럼 이 유튜버를 구독하는 사람들이 이 영상도 좋아하지 않을까?' 하면서 말이죠. 이게 바로 소위 '떡상'이라고 부르는 확산 방식입니다.

상위 노출을 시키는 방법은 간단합니다. 제목과 본문에 해당 키워드를 넣으면 됩니다. 유튜브에서 알려준 정보인데 대부분 모르더라고요. 유튜브 크리에이터(creatoracademy.youtube.com/page/home)에 들어가보면 알고리즘과 검색, 추천 시스템에 대해 알아볼 수 있습니다. 추상적인 이야기처럼 들리겠지만 반복해서 보다 보면 인사이트를 발견할 거예요.

이때 염두에 둬야 할 게 하나 있습니다. 키워드마다 경쟁 강도가 있다는 사실입니다. 하루에 5,000번 검색되는 단어와 50번 검색되는 단어 중 당연히 5,000번 검색되는 단어의 경쟁이 치열하겠죠? 따라서 초보 유튜버는 키워드를 세분화시켜 경쟁 강도가 낮은 키워드를 먼저 공략하는 게 유리합니다.

예를 들어 투잡에 대한 콘텐츠를 가지고 있다고 해볼게요. 투잡이라는 키워드는 경쟁이 치열합니다. 그러면 그 키워드를 조금 더 세분화시켜 '대학생 투잡', '주부 투잡' 같은 키워드를 공략하면 됩니다. 물론 콘텐츠가 그 키워드와 어울린다는 전제하에요. 그래서 저도 직장인 투잡을 키워드로 정했습니다. 지금은 꽤나 핫한 키워드지만 당시에는 그렇지 않았거든요. 키워드 경쟁 강도는 튜브버디(www.tubebuddy.com)에서 키워드 탐색기라는 도구를 이용하면 확인할 수 있습니다.

유튜브에 올라온 키워드의 수를 알려주는 키워드 툴 keywordtool 이라는 프로그램도 있습니다. 월 10만 원 정도 지불하는 유료 툴로, 저는 유튜브를 처음 시작하는 사람들을 컨설팅할 때 주로 사용하는 편입니다. 사실 저처럼 유튜브 컨설팅을 업으로 삼는 사람이 아니면 이 프로그램을 자주 사용할 필요가 없고 시드 구독자가 어느 정도 모이면 검색 유입을 크게 신경쓰지 않아도 됩니다. 하지만 다섯 번만 치킨을 먹지 않으면 되는 돈이니 궁금하면 한 번 써봐도 좋을 것 같아요. 튜브버디와 키워드 툴 모두 구글에서 검색하면 사용법을 쉽게 찾을 수 있습니다.

검색될 만한 지식 콘텐츠를 먼저 예측하는 것도 방법입니다. 어느 정도 검색이 되면서 경쟁 강도가 약한 키워드가 있다면 선점할 만하다고 보고 관련 콘텐츠를 만드는 거죠. 원래 제작할 계획이 없었더라도 말입니다.

이런 식으로 검색 → 시청 → 구독의 패턴이 쌓이면 유튜브에게 긍정적으로 평가받는 채널이 될 수 있습니다. 경쟁 강도가 약한 키워드를 우선 공략해서 시드 구독자를 확보하면 유튜브가 그 데이터를 바탕으로 영상을 홈 추천에 띄워준다는 겁니다.

그런데 여기서 중요한 포인트가 하나 있습니다. 썸네일을 누가 봐도 클릭하고 싶게 만들어야 합니다. 홈 추천에 띄워준다는 건 불특정한 대중에게 보여준다는 뜻입니다. 그래서 지나치게 타깃이 협소한 키워드는 넣지 않는 게 좋습니다.

예를 들어 저의 첫 번째 영상의 썸네일은 '현실적으로 월급 외 수익 100만 원 버는 방법'이었습니다. 사실은 지식 창업에 관련

그림6. 허대리가 실제 사용한 썸네일 예시

된 내용이었지만 지식 창업이라는 단어를 썸네일에서 보여주진 않았죠. 지식 창업이라는 단어를 본 순간 '나와는 거리가 먼 콘텐츠구나'라고 느낄 테니까요(그래서 이 책의 제목에도 지식 창업을 직접 넣지 않았어요).

2. 외부 트래픽

외부 트래픽을 모아 구독자를 올리는 방법도 있습니다. 일단 내 영상을 좋아해줄 것 같은 사람들이 모인 커뮤니티를 찾습니다. 네이버 카페, 페이스북 그룹, 카카오 오픈채팅, 네이버 밴드, 다음 카페 등이 있겠죠? 그곳에 내 영상을 추천하는 겁니다.

이때 '홍보'가 아닌 '추천'이라는 단어를 쓴 이유가 있습니다. 처음 보는 사람이 가입하자마자 무턱대고 '제가 만들었으니 보세요!'라고 하면 누가 좋아할까요? 제가 그 커뮤니티 운영자면 바로 탈퇴시킵니다. 그러니 정말 진심으로 사람들에게 도움이 되는 정보를 추천해야 합니다. 가입하고 바로 추천글을 쓰지도 말고요.

외부 트래픽을 늘리려면 일단 커뮤니티의 규칙을 지키고 열심히 활동하면서 분위기도 파악해야 합니다. 그런 뒤 영상을 하나하나 캡처해서 유용한 글을 작성하세요. 그리고 더 많은 정보는 영상에 담았다고 설명하는 겁니다. 내 채널로 바로 낚는 게 아니라 '나는 이 커뮤니티에서 진짜 활동하고 있고 기본적으로 이 커뮤니티에 관심이 많으며 사실 유튜브 채널도 운영한다'는 인상을 주는 게 자연스럽습니다. 아무 커뮤니티에서 무분별하게 홍보하는 일은 자제하세요. 그런 홍보는 어차피 채널 성장에 도움되지 않습니다.

유명 유튜버의 영상에 댓글을 달아 구독자를 유입시키는 방법도 있습니다. 이는 유튜브 추천 시스템과 어느 정도 상관이 있습니다. 실제로 제 채널에도 다른 유튜버가 댓글을 많이 답니다. 제가 이 방법을 사용한 건 아니라 적극 추천하기는 어렵지만 비슷한 주제의 여러 다른 영상에 댓글을 다는 것도 어느 정도 홍보효과가 있습니다.

이때 주의할 점은 노골적으로 자기 채널로 방문을 유도하는 댓글을 달면 오히려 비호감이 될 수 있다는 겁니다. 최대한 성실하게 구독자로 활동하세요. 비호감으로 찍히면 좋지 않습니다. 사람들이 내 채널에 들어와 영상을 클릭하고 '싫어요'를 클릭하고 나가버릴 수 있기 때문입니다. 또한 댓글에 링크를 달면 스팸으로 처리될 수 있습니다.

이 방법을 사용할 때는 채널명을 적극적으로 이용해야 합니다. 사람들이 채널명과 프로필 사진을 보고 호기심을 느끼게 하는 거죠. 댓글에서 채널명을 클릭해서 들어오면 채널 아트가 바로 보입니다. 따라서 거기에 사람들이 솔깃할 캐치 프레이즈를 적는 게 중요합니다. 제가 '내가 월급만 바라보고 살 것 같으냐!'를 적었던 것처럼요. 조회수가 높은 영상에 댓글이 상단 고정되거나 추천을 많이 받으면 꽤 많은 관심을 받을 수 있겠죠.

그런데 간혹 관심을 끌기 위해 모든 댓글에 대댓글을 달거나 계정을 돌려쓰면서 자기 댓글에 좋아요를 클릭하는 경우가 있습니다. 그런 일은 하지 않는 게 좋습니다. 확실하지는 않지만 유튜브에서 어뷰징_{abusing}으로 잡아낼 수도 있고 사람들이 그걸 보고 내 채널에 들어오더라도 정말 좋은 콘텐츠가 없으면 바로 빠져나가게 될 테니까요. 이런 꼼수에 집착하지 않고 성실하게 콘텐츠의 질을 높이는 게 낫습니다.

3. 광고

마지막은 구글 애즈에 돈을 지불하고 영상을 홍보하는 방법입니다. 유튜브 영상 시작 전에 나오는 다른 영상이나 연관 동영상 근처에 '광고'라고 붙어 있는 영상들이 바로 이겁니다. 이 방법은 일일 예산을 정하고 집행하기 때문에 비용이 크게 들진 않습니다. 오랫동안 지속한다면 달라지겠지만요. 이 방법은 마중물이 될 수는 있지만 적극 추천하지는 않습니다.

광고를 집행할 때는 가능하면 호불호가 없는 콘텐츠를 태우는 게 좋습니다. 예를 들어 '이렇게 하면 무조건 돈을 벌 수 있다'는 내용은 사람들을 혹하게 할 수 있지만 사기꾼 소리를 들을 수도 있습니다(제 경험담이기도 합니다). 따라서 '카드뉴스 디자인할 때 유용한 무료 폰트'같이 누가 봐도 도움 될 만한 콘텐츠를 광고로 태우는 게 좋습니다. 구체적인 사용법은 Google ads 한국(www.youtube.com/user/googlekrwebinar)이라는 유튜브 오피셜 계정을 참고하면 됩니다.

구독자 0에서 1만 명을 만드는 방법

지금까지 유튜브에서 차곡차곡 구독자를 모으는 방법을 살펴 봤습니다. 하지만 구독자 수가 폭발적으로 성장하는 경우도 있습니다. 저 또한 단숨에 구독자 10만 명을 모은 사례죠. 물론 운을 비롯한 여러 요소가 작용해야겠지만 생각을 살짝 전환하면 이렇게 되는 것도 가능합니다. 보랏빛 소가 되면 되죠.

보랏빛 소는 마케팅 구루 세스 고딘Seth Godin이 만든 개념입니다. 저 멀리 소떼 사이에 보라색 소가 있다면 어떨까요? 시선을 뺏길 수밖에 없겠죠. 마찬가지로 유튜브 세상은 소떼가 가득한 넓디넓은 들판입니다. 여기에서 보랏빛 소가 된다면 엄청난 주목을 받을 거예요.

보랏빛 소가 되려면 의외성을 가져야 합니다. 의외의 단어를 조합해서 사회적인 통념에 반대되는 콘텐츠를 만드는 거죠. 예를 들어 어떤 사람이 월 500만 원 번 이야기를 영상으로 만들겠다고 가정합시다. 그럼 영상 제목을 '30대 청년이 월 500만 원을 버는 방법'으로 하면 될까요? 사람들은 그 영상을 보랏빛 소가 아니라 평범한 소로 여길 겁니다.

그런데 그 사람의 성격이 무척 내성적이어서 '내성적인 30대 청년이 월 500만 원을 버는 방법'이라고 하면 어떨까요? 조금 더 흥미가 생길 겁니다. 보통 내성적인 사람은 사회생활이나 사업을 하는 데 어려움을 겪을 거라는 통념이 있으니까요.

제가 의외성을 확보한 부분은 '현실적인'과 '지식 창업'이라는 두 가지 요소였습니다. 제가 유튜브를 시작할 무렵에는 스마트 스토어 창업이 유행이었습니다. 저는 지식 창업으로 돈 번 이야기를 하는 사람이 많지 않을 거라고 생각했고 예상은 적중했습니다. '흔한 스마트 스토어 이야기가 아니어서 좋다'는 댓글이 달렸죠.

누가 했던 이야기를 하면 보랏빛 소가 될 수 없습니다. 아직 유튜브에 올라오지 않은 이야기를 해야 사람들은 호응합니다. 그리고 당연하다고 여기는 생각을 깨면 열광합니다. 남을 그대로 따라 하는 건 좋은 전략이 아닙니다. 그렇게 해서 성공하려면 그 사람들보다 훨씬 더 잘해야 하기 때문이죠. 더 잘하는 것보다 다르게 하는 게 더 쉽습니다.

소속감을 만들어라

앞서 유튜브가 내 영상을 본 사람들의 데이터를 기반으로 그 사람이 좋아할 만한 또 다른 영상을 추천해준다고 했죠? 유튜브에서 게임 영상 하나를 봤는데 관련 영상이 엄청나게 뜨는 경험을 한 번쯤 겪어본 적 있을 겁니다. '이용자가 좋아하는 영상을 추천한다'가 유튜브의 사명이기 때문입니다. 그래야 이용자들이 유튜브에 더 오래 머물면서 수익을 가져다줄 테니까요.

이런 정보에 따르면 유튜브가 이렇게 생각한다는 가설을 세울 수 있습니다.

'너 허대리 일곱 번째 영상을 보고 구독했구나.
그럼 허대리 첫 번째 영상도 좋아할 것 같은데, 한 번 볼래?'

이처럼 내 영상 하나를 보고 내 채널을 좋아하고 구독한 사람에게 유튜브는 내 영상 중 그가 아직 못 본 영상을 계속 추천해 줍니다. 어떤 채널을 구독하면 그 사람의 3개월, 7개월, 1년 전 영상도 다 보여주죠. 그러면서 구독자의 충성도를 높입니다.

따라서 구독자를 많이 모으고 그 수를 유지하려면 영상이 일관적이어야 합니다. 내 첫 번째 영상을 좋아한 사람들에게 여덟 번째 영상을 보여줘도 좋아하도록 만들어야 하죠. 다양한 영상이더라도 비슷한 가치를 공유해 사람들이 내 모든 영상에 관심을 가질 수 있도록 해야 합니다. 저는 이걸 소속감이라고 표현합니다.

유튜브의 본질은 커뮤니티입니다. 하나의 가치에 동의하는 사람들이 모인 공간이죠. 제 채널의 소속감은 '월급 외 수익 딱 100만 원이라도 만들고 싶은 사람 모여라'입니다. 그 소속감을 부여하는 가치가 명확하면 명확할수록 채널이 빠르게 성장합니다.

구독자 수와 조회수에 집착하지 마라

사람들은 유튜브로 돈을 벌고 싶어 합니다. 그래서 구독자와 조회수에 목숨을 걸죠. 구독자와 조회수가 많으면 당연히 돈을 많이 벌지만 유튜브 수익은 이게 전부가 아닙니다. 구독자가 꼭

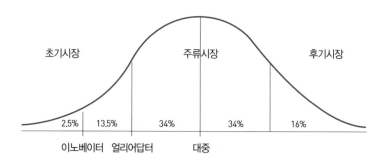

그림7. 기술 수용 수명 주기

10만 이상이어야 할 필요는 없습니다.

유튜브 광고 수익은 생각보다 크지 않습니다. 조회수 1에 2~3원 꼴입니다. 그리고 우리는 유튜브에서 쌓인 구독자를 바탕으로 PDF 전자책이나 강의를 판매하는 게 핵심 목적입니다. 따라서 조회수보다 '관계 자산', 즉 나를 신뢰해주는 사람의 수가 더 중요합니다. 지식 창업에서는 구독자가 1만 명만 돼도 충분히 비즈니스가 가능합니다.

그림7의 기술 수용 수명 주기는 어떤 콘텐츠나 기술이 시장에 확산되는 과정을 그래프로 표현한 겁니다. 이 그래프를 유튜브에 적용해보겠습니다.

이노베이터Innovator는 초기 1만~2만 명 구독자입니다. 내 영상에 적극적으로 반응하는 사람들이죠. 이들은 내가 제공하는 팁을 실제로 실행해보기도 합니다. 트렌드에 민감한 마케터, 광고주도 이 안에 포함돼 있습니다. 저도 구독자가 2만이 안 된 시점에 80만 원짜리 광고가 하나 들어왔습니다.

얼리 어답터 Early Adoptor 는 초기 10만 명까지의 구독자입니다. 그 이후부터 대중 Majority 으로 퍼져나가죠. 우리의 목표는 이들이 아닙니다. 구독자 1만 명 안에서도 비즈니스는 충분히 이뤄집니다. 그러니 조회수가 낮고 구독자가 많이 오르지 않는다고 실망하지 마세요. 차곡차곡 쌓아가는 게 좋습니다. 갑자기 구독자가 상승하면 그만큼 거품이 많을 수밖에 없습니다.

유튜브를 처음 시작할 때 조심해야 할 것

여기까지 읽으니 유튜브를 어떻게 시작해야 할지 감이 잡혔나요? 그러면 초보자가 가장 많이 하는 실수 세 가지를 소개하겠습니다. 이 점을 유의하면 채널을 운영하기 더 수월할 거예요.

첫 번째 실수는 다수의 지인에게 카카오톡으로 유튜브 영상을 공유하는 겁니다. 영상을 완성해 채널에 올린 초보자들은 너무 기쁜 나머지 친구들에게 링크를 뿌리곤 합니다.

하지만 앞서 여러 번 언급했듯이 유튜브 알고리즘은 콘텐츠를 시청한 데이터를 기반에 두고 이용자에게 영상을 추천합니다. 그런데 친구들이 당신의 진성 구독자인가요? 의리로 한 번 정도 영상을 볼 수 있겠지만 그들이 모두 충실한 구독자가 될 수는 없습니다.

특히 카카오톡으로 유튜브 링크를 받아봤다면 알겠지만 카카오톡에서 유튜브 링크를 누르면 그 안에서 재생됩니다(보통 '인앱 브라우저'라고 부르죠). 인앱 브라우저에서 채널을 구독하려면 로그인을 따로 해야 할뿐더러 대부분은 시청이 불편해 영상을 끝까지 시청하지 않죠. 이렇게 잠깐 영상을 시청하고 만 기록이 쌓이면 유튜브는 당신의 채널이 별로 건실하지 않다고 판단할 겁니다.

맞구독도 같은 맥락입니다. 구독을 구걸하지 마세요. 사람들은 콘텐츠가 유익하다고 생각하면 구독하지 말라고 해도 구독합니다. 정말 당신의 영상이 필요한 사람들에게만 소개하세요.

두 번째 실수는 장비부터 구입해야 한다고 생각하는 겁니다. 저는 유튜브 운영 초기에 촬영과 녹음 모두 스마트폰(갤럭시8) 하나로 처리했습니다. 그리고 영상 다섯 개 정도를 올려 반응을 확인한 뒤, 약 20만 원을 투자해 마이크를 구입했습니다(참고로 제가 사용하는 마이크는 인프라소닉 UFO 블랙 에디션입니다).

본격적으로 시작해보기도 전에 절대 장비부터 사지 마세요. 콘텐츠가 먹히는지 먼저 테스트해야 합니다. 잘하고 싶은 마음은 이해합니다. 하지만 잘해보겠다는 마음이 강할수록 안 됐을 때 실망감도 더 큽니다.

세 번째 실수는 자막을 만들면 영상의 조회수가 높아질 거라고 착각하는 겁니다. 많은 사람들이 자신의 영상에 반응이 없는 이유를 엉뚱한 곳에서 찾습니다. 자막이 생기면 사람들이 영상을 더 좋아할 거라는 생각은 하지 마세요. 그냥 내용이 별로여서, 세상에 그 영상이 필요 없어서 구독자들에게 반응이 없는 겁니다. 좋지 않은 콘텐츠에 자막을 넣거나 예쁘게 효과를 준다고 좋아지지 않습니다. 자막, 음악, 편집 효과 등은 좋은 콘텐츠를 더 좋게 만들 때만 사용해야 합니다.

네 번째 실수는 유튜브 알고리즘을 몰라서 영상이 확산되지 않는다고 생각하는 겁니다. 알고리즘을 더 잘 안다고 유튜브채널을 잘 운영하는 건 아닙니다. 이 역시 그냥 콘텐츠가 별로여서 반응이 없는 겁니다.

여섯 번째 파이프라인
출판

책은 최고의 명함

여섯 번째 파이프라인은 출판입니다. 사실 책을 출간하는 것
자체로 큰돈을 벌기는 힘듭니다. 출판사와 계약을 하면 보통 저
자가 정가의 8~10퍼센트 사이의 인세를 받습니다. 1만 5000원
짜리 책 한 권을 팔면 대략 1,500원을 버는 거죠. 1만 부를 팔아
야 1,500만 원을 벌 수 있습니다. 하지만 1만 부를 판매하는 게
그리 쉬운 일은 아니죠. 작가에게 현금 1만 원을 주는 것과 책을
한 권 사는 것 중 무엇이 더 도움이 되느냐는 농담도 있을 정도

입니다.

그럼에도 책을 써야 하는 이유는 뭘까요? 《제로창업》이라는 책에서는 출판이 가격 경쟁에서 해방시켜준다고 이야기합니다. 책을 출판함으로써 얻는 부가가치는 상당합니다. 수익은 낮을지 몰라도 전문성을 보여줄 수 있는 최고의 명함이기 때문입니다. 그렇게 얻은 평판을 바탕으로 강연이나 다른 사업을 할 수 있는 기회가 생겨납니다.

투고에만 목숨 걸면 안 되는 이유

출판에 대해 많은 사람들이 한 가지를 오해합니다. 무명작가가 첫 책을 내려면 출판사에 반드시 원고를 투고해야 한다고 생각하는 거죠. 저 또한 그렇게 생각했습니다. 하지만 직접 출판 계약을 하며 실상은 다르다는 걸 알게 됐습니다.

저는 유튜브 채널을 운영하며 출판사 열네 곳에서 단행본 출간을 제안받았습니다. 그중 여러 편집자와 미팅을 했고 그때마다 투고로 책을 출간하는지 물어봤습니다. 놀랍게도 제가 만난 편집자들은 대부분 투고 원고를 선호하지 않았습니다. 출판사에서 한 해에 출간하는 책 중 투고 원고의 비율이 열 권 중 두 권도 안 될 정도였습니다(물론 그렇다고 모든 편집자가 투고를 선호하지 않는 건 아닙니다).

그 이유는 크게 세 가지였습니다. 우선 출판사는 투고를 유명하지 않다는 증거로 봅니다. 책은 상품이고 팔려야 합니다. 따라서 출판사는 예비 독자를 확보한 작가를 선호합니다. 그래서 최소한 인스타그램 팔로워 5,000명, 유튜브 구독자 1만 명 정도가 있는 사람들에게 먼저 출간을 제안합니다. 반면 그런 제안을 받지 못해 원고를 투고하는 작가는 대부분 인지도가 없을 거라 여기죠.

게다가 출판사에 원고를 보내는 사람은 대부분 판매보다 출간 자체에 목적을 두는 경우가 대부분입니다. 자신의 책을 어떻게 판매할지는 생각하지 않죠. 그래서 출판사는 투고 원고를 출간하면 판매가 부진할 거라고 생각합니다.

둘째로 편집자들은 하루에도 투고 원고와 기획안을 수십 통 받습니다. 이걸 다 읽기는 힘들죠. 보기 쉽게 한 장으로 소개서를 쓰는 사람은 많지 않습니다. 편집자들이 긴 투고 원고를 검토하는 데 시간을 할애하는 일 역시 흔하지 않습니다. 그 시간에 유망한 작가를 발굴하는 게 빠르겠죠.

마지막으로 출판사의 출간 스케줄은 대부분 1년 단위로 이미 정해져 있습니다. 반면 투고는 예정된 타이밍이 아니라 갑자기

들어옵니다. 그래서 투고 원고를 출간하려면 꽉 짜인 일정을 비집고 들어가야 한다는 어려움이 있죠.

책은 결국 독자가 읽습니다. 출판사에게 잘 보이려고 글을 쓰지 마세요. 독자에게 잘 보이면 됩니다. SNS로 당신의 글을 먼저 보여주세요. 반응이 좋으면 출판사는 알아서 따라옵니다.

물론 출판사에 투고하는 게 나쁜 일은 아닙니다. 적극적인 행동도 중요합니다. 대신 그 에너지를 고가의 투고 컨설팅에 투자하기보다 독자에게 직접 글을 소개하는 데 사용해보세요. 목표를 달성하는 데 더 도움이 될 겁니다.

편집자가 좋아하는 저자

저는 두 달 동안 출판사와 책을 네 권 계약했습니다. 당연한 이야기겠지만 모두 콘셉트가 다릅니다. 나라는 캐릭터를 편집자와 함께 조각한 결과입니다. 예를 들어 제게는 돈 버는 정보를 전달해주는 허대리, 동기부여를 해주는 허대리, 독서하는 허대리라는 캐릭터가 존재합니다. 이 성향들로 각각 돈 버는 정보에 관한 책, 동기부여 책, 독서 관련 책으로 출간하는 겁니다.

이 사실을 뒤집어 생각해보면 캐릭터가 분명할수록 책을 출간할 가능성이 큽니다. 단순히 돈 버는 방법을 알려주는 사람이 아니라 돈 버는 방법을 알려주는 대학생, 돈 버는 방법을 알려주는 50대 등 캐릭터가 분명해야 편집자들도 책을 내고 싶어 합니다. 독자들의 구매를 이끄는 건 콘셉트고 출판사는 콘셉트가 분명한 사람을 선호합니다.

그럼 콘셉트가 분명해지려면 어떻게 해야 할까요? 일관성이 있으면 됩니다. 어떤 사람이 어느 날은 진지했다가 어느 날은 다혈질이고 어느 날은 상냥하다면 성격이 어떨지 가늠할 수 있을까요? 마찬가지로 아무리 구독자가 많아도 내가 배포하는 지식 콘텐츠의 결이 중구난방이면 출판사에서 어떤 콘셉트로 책을 출간하자고 제안할지 파악하기 힘듭니다. 그래서 지식 콘텐츠의 성격을 일관되게 밀고 나가는 게 좋습니다.

파이프라인
연결시키기

콘텐츠의 시너지 효과를 높이자

지금까지 월급 외 수익을 창출하는 머니 파이프라인에 대해 알아봤습니다. 이제부터는 이 파이프라인들이 서로 어떻게 유기적으로 연결되는지 살펴보겠습니다.

가상의 예를 들어보겠습니다. J는 주 1회 이상 회사에서 PPT로 보고하는 일을 합니다. 매주 반복하다 보니 나름의 PPT 작성 노하우가 생겼죠. 그래서 그 팁을 유튜브에 공유하기 시작합니다. 구독자가 1,000명이 모여 월 10만 원 정도 작은 광고 수익까지 받았습니다. 그리고 유튜브에서 공유한 내용을 조금 더 발전 시켜 온라인 강의 플랫폼 인프런에 입점을 제안했습니다. 입점이 완료돼 하나의 콘텐츠로 유튜브와 온라인 강의라는 두 개의 파이프라인을 구축했습니다.

K는 회사에서 SNS 광고를 세팅합니다. 세팅을 자주 하다 보니 광고 효율성을 높이는 노하우가 생겼고 그걸 20쪽으로 요약한 PDF 전자책을 크몽에 업로드했습니다. 가격은 1만 5,000원으로 한 달에 30만 원 정도의 수익이 생겼습니다. 곧 소비자들 중 일부가 직접 만나 더 자세한 설명을 듣고 싶어 했고 K는 옵션 상품으로 시간당 10만 원에 일대일 컨설팅을 판매했습니다. 입소문이 퍼지자 한 출판사가 SNS 광고 세팅에 대한 책을 내보자고 제안이 왔습니다. 이렇게 하나의 지식 콘텐츠로 전자책과 컨설팅, 출판이라는 세 개 파이프라인을 연결하게 됩니다.

L은 앱 디자이너입니다. 평소에 누군가를 가르치는 것에 관심이 많던 L은 탈잉에서 '현직 디자이너가 알려주는 심플한 앱 디자인'이라는 주제로 오프라인 강의를 시작했습니다. 리뷰가 스무 개 쌓일 때쯤 지방에서도 수업을 해달라는 요청을 자주 받았습니다. 자신의 강의가 지역에 상관없이 수요가 있다는 걸 알게 된 L은 강의 내용을 동영상으로 찍어서 크몽에 올리고 판매를 시작했습니다. 이렇게 하나의 콘텐츠로 오프라인 강의와 온

라인 강의라는 파이프라인을 연결한 거죠.

물론 위 사례들처럼 꼭 모든 파이프라인을 다 연결시킬 필요는 없습니다. 두세 개 정도만 연결해도 충분한 수익이 나옵니다. 일단 한 개 파이프라인을 구축하고 그 파이프라인이 어떻게 파생될지 구상하는 게 중요합니다. 강의안으로 PDF 전자책을 만들고 그걸로 종이책을 출판하는 것처럼 최소 효율로 최대 이익을 내는 게 파이프라인을 연결하는 목적입니다. 이 일이 잘 이뤄질수록 가만히 앉아서 돈을 벌게 됩니다.

나만의 강점을
어떻게
판매할까?

재능 공유 플랫폼
초기 진입 방법

작은 식당을 운영한다고 생각해보자

컨설팅을 하다 보면 '온라인 마케팅에 경험이 없어 못한다'고 생각하는 사람들을 종종 만납니다. 하지만 지난 7년간 온라인 마케팅을 하면서 저는 이것이 작은 식당을 운영하는 일과 별반 다르지 않다는 점을 느꼈습니다. 온라인과 오프라인에서 사람들의 심리가 엄청나게 다른 건 아니니까요.

재능 공유 플랫폼에 우리의 지식 콘텐츠를 입점하는 일은 쇼핑센터에 입주하는 것과 비슷합니다. 쇼핑센터에는 늘 소비할 준비가 된 사람들이 가득하죠. 그리고 이들은 서로 다른 취향을 갖고 있습니다. 누군가는 카페를 좋아하고 누군가는 한식집, 누군가는 중식집이나 일식집을 좋아합니다. 그럼 어떻게 해야 그들을 내 손님으로, 나아가 단골로 만들 수 있을까요?

우선 전제가 있습니다. 음식이 맛있어야 합니다. 제품이 곧 마케팅입니다. 음식이 맛있으면 특별히 홍보를 하지 않아도 알아서 손님이 찾아오고 그들이 친구를 데려오기도 할 테니까요. 음식이란 당신이 만들어내는 지식 콘텐츠, 즉 강의, PDF 전자책, 유튜브 영상, 종이책 등이 되겠죠.

그럼 어떻게 퀄리티를 높일 수 있을까요? 많이 먹어보고 만들고 평가받으면 됩니다. 저는 이걸 인풋과 아웃풋의 반복이라고 부릅니다. 음식을 많이 먹어보기만 해서는, 요리를 자주 해보기만 해서는 실력이 늘지 않습니다. 채점을 받고 그걸 다음 요리에 반영해야 비로소 실력이 늘어납니다. 그러니 지식 콘텐츠를 많이 보고 만들고 평가받아야 합니다. 물론 때론 반응이 좋지 않아 상처받을 수도 있지만 기죽지 말고 피드백을 바탕으로 계속 개선해나가면 됩니다. 누군가의 평가를 유명 컨설턴트에게 받는 공짜 컨설팅이라고 생각해봅시다.

플랫폼이 좋아하는 상품이 돼라

어떻게 해야 재능 공유 플랫폼에서 내 지식 콘텐츠를 상위에 노출시켜줄까요? 간단합니다. 그 플랫폼이 무엇을 좋아하는지 알면 됩니다. 식당에 대한 비유를 하고 있으니 이렇게 질문할게요. 쇼핑센터는 어떤 식당을 좋아할까요?

제가 만약 쇼핑센터 관리자라면 많은 고객을 불러 모으고, 식사의 만족도가 높고, 거래액도 높은 식당을 선호할 겁니다(거래액이 많다는 건 쇼핑센터의 가치가 늘어난다는 이야기일 테니까요). 플랫폼도 별반 다르지 않습니다. 사람들이 자신의 플랫폼에서 오래 머물고, 더 많은 돈을 쓰고, 더 다양한 상품을 구매하기를 원합니다. 그래서 거래 건수, 만족도, 거래액이라는 세 가지 수치를 중요하게 생각하죠. 상위 노출 알고리즘 역시 이 세 요소의 점수를 기초로 구성합니다. 물론 플랫폼마다 정책이 다를 수는 있지만 대동소이할 거예요.

여기서 가장 중요한 건 거래 건수, 즉 내 상품을 이용해본 사람의 수입니다. 한 명이 10만 원을 쓰는 것과 열 명이 1만 원을 쓰는 것 중 플랫폼은 무엇을 더 좋아할까요? 후자입니다. 플랫폼은 최대한 많은 이용자들이 좋은 경험을 하길 원합니다. 그래야 다시 찾아올 테니까요. 게다가 그 열 명이 지인에게 입소문이라도 내면 플랫폼 트래픽은 알아서 늘어날 거예요. 이처럼 재능 공유 플랫폼에서는 트래픽을 중요하게 여깁니다. 트래픽이 곧 수익과 연결되기 때문입니다.

물론 우리가 명품을 판매한다면 거래 건수보다 거래액이 더 중요한 지표일 수 있습니다. 하지만 우리가 진입하려는 플랫폼은 명품숍이 아닙니다. 거래 건수를 늘리면서 플랫폼이 좋아하는 상품을 만드는 방법으로 세 가지가 있습니다.

1. 싸면 된다

상품 기획에는 두 가지 전략이 있습니다. 바로 박리다매와 고급화죠. 첫 시작은 저렴하게 시작하는 게 좋습니다.

1만 원짜리 식사와 10만 원짜리 식사의 기대치가 다른 것처럼 고급화로 갈수록 퀄리티가 높아야 합니다. 그래야 소비자들을 만족시킬 수 있기 때문입니다. 하지만 이제 막 플랫폼에 진입하는 사람 중 지식 콘텐츠 제작에 능숙한 사람이 몇이나 될까요? 따라서 우리가 선택할 전략은 박리다매입니다.

설령 그 분야의 전문가일지라도 일단 낮은 가격으로 시작하길 권합니다. 왜냐하면 내가 아무리 전문적인 지식을 갖고 있다고 하더라도 고객은 당신을 전문가라고 생각하지 않을 수도 있거든요. 내 기준에서 전문적인 건 소용이 없습니다. 고객 입장에서 전문적이여야만 하죠.

'똑똑한 것과 잘 가르치는 건 다르다'는 이야기 많이 들어봤을 겁니다. 지식 창업의 본질은 서비스업입니다. 일단 낮은 가격으로 시작해서 '아, 고객들이 이 정도 가격에 이 정도 만족을 느끼는구나'를 직접 경험해야 내 실력에 맞게 지식 콘텐츠의 가격을 책정할 수 있습니다. 저렴하게 판매해서 거래 건수를 늘리세요. 저는 '아니, 이 값에 이걸 준다고?'라는 말이 절로 튀어나오는 수준을 좋아합니다. 그래야 쉽게 입소문이 날 수 있거든요.

처음에는 오픈 명목으로 약 30~50퍼센트가량 가격을 할인하는 게 좋습니다. 마진은 별로 남지 않겠지만 처음부터 돈을 많이 벌겠다는 생각은 버리세요. 처음에 살짝 손해를 봐야 나중에 이득을 볼 수 있습니다.

리뷰가 10~20개 정도 쌓이면 천천히 가격을 올려보세요. 저는 첫 강의를 1인당 2만 5,000원에 시작해서 나중에는 3만 5,000원까지 올렸습니다. 수강생에게 가격 대비 만족도를 끊임없이 물어보고 차츰 조정하는 게 좋습니다.

처음에는 마진이 많이 남지 않더라도 거래 건수 자체를 증가시켜 리뷰를 늘려야 합니다. 초기 3~4회는 긍정적인 리뷰를 수집하는 과정이라고 생각하세요. 마진은 조금씩 강의 퀄리티를 높이면서 늘릴 수 있습니다.

2. 좋은 리뷰를 받으면 된다

사람들은 자신의 시간과 돈을 낭비하는 걸 원치 않습니다. 그래서 품질이 검증된 상품을 선호하고 리뷰가 하나도 없는 물건은 구매를 망설입니다. 지식 콘텐츠도 마찬가지로 초반 3~5개 정도는 좋은 리뷰가 달려야 합니다. 그럼 그런 리뷰를 어떻게 얻을 수 있느냐고요? 앞서 이야기했지만 가격을 낮추고 퀄리티를 높이는 방법밖에 없습니다.

제가 첫 강의에서 강의 시간을 한 시간 초과했다고 했죠? 사실 한 시간이나 더 수업하면 당연히 대관료도 늘어나고 체력은 바닥납니다. 하지만 그 덕분에 수강생 네 명이 모두 긍정적인 리뷰를 달아줬습니다. 그리고 이 리뷰를 시발점으로 이후 판매가 순조롭게 확산됐습니다.

혹시 쇼핑몰에서 뭔가 구매하고 리뷰를 달아본 적 있나요? 아마 거의 없을 겁니다. 저만 해도 그렇거든요. 소비자에게서 리뷰를 이끌어내는 일은 절대 쉽지 않습니다. 보통 소비자의 50퍼센트 이상에게 리뷰를 받으면 성공했다고 볼 정도입니다. 그러니 지식 콘텐츠 마지막에는 반드시 리뷰를 써달라고 소비자에게 어필해야 합니다. 저는 강의를 마무리하면서 약간은 귀엽게 이런 멘트를 덧붙였습니다.

"오늘 수업 듣느라 너무 고생 많으셨고요.

프립에 들어가시면 이런 기능이 있더라고요.

이렇게 리뷰 버튼을 누르면 오늘 수업에 대한 나의 느낌을

멋진 글 솜씨로 뽐낼 수 있는 공간이 있답니다!

돌아가시는 길 지하철에서 심심하실 텐데 리뷰 부탁드립니다(꾸벅)."

리뷰를 달면 PDF 자료집을 준다든가 추첨으로 기프티콘을 주는 것도 좋습니다. 무엇이 됐든 수강생이 리뷰를 쓸 이유를 만들어줘야 합니다. 그만큼 초기에 좋은 리뷰를 얻는 게 중요합니다.

이런 조언을 하면 간혹 리뷰를 자작하는 사람들이 있습니다. 그렇게까지 하진 마세요. 플랫폼 생태계를 교란하는 일이기 때문입니다. 또한 플랫폼에 적발되면 영구적으로 입점이 금지될 수도 있습니다. 정말 자신이 없다면 지인들에게 구매를 요청해보세요. 대신 냉정한 평가를 요구해야 합니다.

3. 새로우면 된다

플랫폼은 이용자가 다양한 종류의 경험을 하기를 원합니다. 그래야 고객들이 플랫폼에 자주 와서 재구매를 할 테니까요. 플랫폼에 늘 같은 상품만 가득하다면 고객은 어떤 생각이 들까요?

이 플랫폼은 정체돼 있다고 생각할 겁니다. 그래서 플랫폼은 다양한 상품들이 입점하길 원합니다. 아무리 맛집이어도 김치찌개 식당만 가득하다면 사람들은 그 쇼핑센터를 더 이상 방문하지 않을 겁니다. 이 점을 공략하면 됩니다. 새로운 상품이 되는 거죠. 새로우면 새로울수록 좋습니다.

플랫폼마다 카테고리를 관리하는 매니저가 각각 있습니다. 이들은 자기가 맡은 카테고리에서 어떤 상품이 잘 팔리는지, 어떤 새로운 상품이 올라왔는지 매일 확인합니다. 신선한 지식 콘텐츠가 올라오면 그걸 더 노출해주죠. 제가 처음 강의를 할 때 PPT로 카드뉴스를 제작하는 방법을 알려주는 사람은 아무도 없었습니다. 플랫폼 내에서 유일한 상품이다 보니 플랫폼도 저를 특별히 여겼죠. 보랏빛 소가 된 겁니다.

플랫폼에서 많이 노출되는 방법은 아이러니하게도 전혀 노출되지 않고 있는 상품을 선택하는 겁니다. 플랫폼 내에 유일한 서비스가 되세요. 그 방법은 다음 챕터에서 설명하겠습니다.

레드오션을 이기는 차별화 전략

레드오션을 이기는 방법

지금까지 이 책에서 여러 번 차별화의 중요성을 이야기했습니다. 그런데 차별화는 단순히 감으로 하는 게 아닙니다. 나름의 규칙과 공식이 있죠. 이 방법을 알면 지식 콘텐츠뿐만 아니라 뭔가를 판매하는 데 큰 도움이 될 거예요.

1. 목적을 쪼갠다

한 강의를 듣는 수강생들이 모두 같은 목적을 갖고 있지는 않습니다. 한 가지 예를 들어보겠습니다. 사람들이 왜 포토샵 강의를 찾아 들을까요? 일단 그 이유를 추정해서 리스트로 작성해봅시다.

포토샵 강의를 듣는 이유

- 카드뉴스, SNS 광고 등 콘텐츠를 만들고 싶어서
- 쇼핑몰 상세 페이지를 만들고 싶어서
- 유튜브 썸네일을 만들고 싶어서
- 디자이너로 취업을 하고 싶어서
- 사진을 감성적으로 보정하고 싶어서
- 이모티콘을 만들고 싶어서
- 웹툰을 그려보고 싶어서
- 나만의 캐릭터를 만들고 싶어서
- 회사를 운영하는 중인데 디자이너를 고용하기에 인건비가 부담스러워서
- 책 표지를 디자인하고 싶어서

자, 됐습니다. 그럼 이 목적을 가지고 지식 콘텐츠를 구상해봅시다.

목적에 따라 포토샵 강의 차별화하기

- 포토샵으로 SNS 콘텐츠 만드는 방법
- 포토샵으로 쇼핑몰 상세 페이지 만들기
- 주목도 있는 유튜브 썸네일 만드는 포토샵 강좌
- 포토샵 배워 디자이너로 이직하기
- 인스타그램 감성 사진 만드는 포토샵 보정법
- 포토샵 배우면 누구나 할 수 있는 이모티콘 만들기
- 웹툰 지망생을 위한 포토샵 강좌
- 포토샵으로 만드는 나만의 캐릭터
- 디자이너 없이도 회사 운영하게 해주는 포토샵 강좌
- 인디자인 없어도 가능한 포토샵으로 책 표지 만들기

어떤가요? 이렇게 포토샵 하나로 목적에 따라 다양한 강의를 만들 수 있습니다. 이미 있는 걸 더 잘하려고 하지 말고 없는 분야를 파고드는 게 쉽습니다. 플랫폼에 없는 수업이 되는 게 바로 차별화입니다.

제가 PPT 디자인 관련한 강의를 계획할 때 이미 그 시장은 포화 상태였습니다. 그래서 전혀 다른 방향으로 내용을 구성했습니다. 기존 강의들은 PPT 기능을 하나하나 꼼꼼히 활용해서 화려하게 디자인하는 스킬을 알려줬습니다. 그래서 저는 기능을 다섯 개 이내로 사용하면서 가독성 좋고 심플한 PPT를 빨리 만드는 방법을 알려주는 수업을 기획했습니다.

2. 방법을 쪼갠다

두 번째 차별화 방법은 가르치는 방법을 바꾸는 겁니다. 오프라인에서 직접 강의를 하는 게 포토샵을 가르치는 유일한 방법일까요? 그렇지 않죠. 미리 찍어둔 동영상이나 유튜브 스트리밍으로도 강의를 제공할 수 있습니다. PDF 전자책으로 만들어서 전달해도 좋겠죠.

방법에 따라 포토샵 강좌 차별화하기

- 유튜브 스트리밍으로 배우는 포토샵
- 어떻게 시작할까? 초보자를 위한 일대일 포토샵 컨설팅
- 포토샵 하다가 막혔을 때, 카카오톡 상담해드립니다
- 10강으로 마스터하는 포토샵 온라인 강의
- 퇴근 후 함께해요, 포토샵 스터디

모든 사람들이 오프라인 강의를 선호하는 건 아닙니다. 성향과 상황에 따라 온라인 강의를 더 좋아하는 사람도 있습니다. 오프라인 수업을 온라인으로 바꾸는 것도 차별화가 됩니다.

방법이든 목적이든 남들과 똑같은 걸 만들고 있다면 뭔가 잘 못하고 있는 겁니다. 품질이 검증된 상품이 있는데 다른 상품을 굳이 살 이유가 없잖아요? 기존의 지식 콘텐츠보다 나은 점이나 다른 점을 조금이라도 보여줘야 합니다.

3. 고객을 쪼갠다

세 번째 차별화 방법은 구매하는 고객의 층을 나눠보는 겁니다. 이번에는 재테크 수업을 예로 들어보겠습니다. 어떤 재능 공유 플랫폼에 '직장인을 위한 재테크 수업'이라는 강의가 있다고 가정해볼게요. 리뷰는 이미 100개가 쌓였고 강사는 10년 차 재무관리사입니다.

이런 경우에 저는 재테크 수업을 새로 시작하지 말아야 할까요? 아닙니다. 빈틈은 언제나 존재합니다. 직장인이라고 해서 모두 같지는 않습니다. 그 안에도 다양한 그룹이 있죠. 아래 예를 한 번 봅시다.

직장인의 유형

- 입사 1년 차 사회초년생
- 입사 2~3년 차 주임, 대리
- 입사 5년 차 이상 과장, 부장

- 연봉 3,000만 원 미만 직장인
- 이제 막 적금이 만기돼 1,000만 원을 모은 직장인
- 공무원, 공기업에 근무하는 직장인

이제 이 사람들을 위해 '~를 위한 재테크 수업'이라는 제목을 붙여봅시다. 사람들은 자신과 관련된 이야기에 반응합니다.

직장인의 종류에 따른 재테크 수업

- 입사 1년 차 사회초년생을 위한 1,000만 원 모으기
- 입사 2~3년 차 대리의 2,000만 원으로 부동산 투자하기
- 입사 5년 차 이상 과장의 아이 학원비 버는 주식투자
- 연봉 3,000만 원 미만 직장인도 할 수 있는 N잡 재테크

당신이 만약 연봉 3,000만 원 미만의 직장인이라면 '연봉 3,000만 원 미만의 직장인을 위한 재테크 수업'과 '직장인을 위한 재테크 수업' 중 무엇에 더 끌릴까요? 당연히 전자겠죠. 고객을 쪼개면 틈새시장이 생깁니다.

4. 해외 강의를 벤치마킹한다

해외에는 이미 지식 창업 시장이 활성화돼 정말 다양한 강의

가 존재합니다. 해외 시장에 비하면 아직 우리나라는 걸음마 단계입니다. 그러니 이들을 벤치마킹해 차별화된 지식 콘텐츠를 제작해봅시다. 가장 대표적인 플랫폼인 유데미(udemy.com)의 포토샵 강의는 이렇게 세분화돼 있습니다.

포토샵 강의 종류

- 기업가를 위한 브랜드 로고 디자인 만들기
- 게임 그래픽을 위한 그래픽 소스 만들기
- UI 디자인
- 캐릭터 디자인
- 리터칭
- 명함 제작하기

유데미는 해외 플랫폼인 만큼 강의에서 당연히 영어를 사용합니다. 영어 자막이 있긴 하지만 익숙하지 않은 사람들은 소화하기 힘들 수 있습니다. 그러나 디자인, 드로잉처럼 언어에 크게 제약이 없는 강의는 들어볼 만합니다(우리에겐 번역기가 있으니 너무 걱정하지 마세요). 저는 커리큘럼을 짤 때, 차별화된 강의 콘셉트를 찾을 때, 주목도 있는 썸네일을 찾을 때 주로 방문하는 편입니다. 참고하면 좋은 온라인 강의 사이트는 다음과 같습니다.

1. 유데미

세계적으로 유명한 온라인 강의 플랫폼입니다. 한국 강의도 늘고 있죠. 할인을 많이 해서 부담 없이 강의를 수강할 수 있습니다. 강의를 구매하면 강사와 게시판이 활성화돼 모르는 부분을 적극적으로 물어보기 좋습니다. 저 또한 PPT 수업을 준비할 때 이곳에서 강의를 들었습니다.

2. 스킬셰어

스킬셰어(www.skillshare.com)는 강의가 약 2만 8,000개나 될 정도로 콘텐츠가 다양한 플랫폼입니다. 영상의 퀄리티도 높은 편입니다. 무료 강의, 유료 강의 모두 있으며 한 시간 이내 분량의 짧은 강의가 많습니다. 유료 강의를 들을 경우 월 8~15달러(약 9,800~1만 8,000원)의 구독료를 지불해야 합니다.

3. 린다닷컴

린다닷컴(www.lynda.com)은 1995년에 설립된 온라인 강의 플랫폼입니다. 주로 개발, 비즈니스, 디자인, 마케팅, CAD 같은 카테고리가 강세입니다. 멤버십 시스템으로 월 이용료는 약 25달러(약 3만 원)입니다.

4. 크리에이티브 라이브

크리에이티브 라이브(www.creativelive.com)는 문화, 예술, 공예 부문에 강한 강의 플랫폼입니다. 25~40달러(약 3만~4만 9,000원)를 지불하고 강의를 각각 구매할 수 있으며 월 25~39달러(약 3만 ~4만 7,000원)를 지불하면 모든 수업을 들을 수 있습니다.

아무도 이런 강의를 안 하는데?

제작하려는 지식 콘텐츠가 시중에 존재하지 않는다고 지레 겁먹을 것 없습니다. 없으니 안 되는 게 아니라 그래서 해야 합니다. 왜 아무도 판매하지 않는 지식 콘텐츠를 제작해야 할까요? 그 이유는 소비자에게 있습니다.

소비자들은 원래 알던 것보다 더 좋은 상품이 나왔다는 말에 방어적인 태도를 취하는 경향이 있습니다. 하지만 새로운 게 나왔다고 하면 관심을 보이죠. 예를 들어 우리가 대부분 사용하는 카카오톡보다 더 좋은 메신저 앱이 나왔다면 어떨까요? 방어적인 태도를 취할 겁니다. 습관을 쉽게 바꾸려고 하지 않기 때문이죠. 반면 기존에 없던, 커플만 사용이 가능한 메신저 비트윈이 나왔다고 하면 어떨 것 같나요? 일단 관심을 갖습니다.

사람들은 새로운 것에 관대합니다. 그러기에 최초가 돼야 합니다. 그럴 수 없다면 최초가 될 수 있는 영역이라도 만들어야 합니다. 마케팅은 제품이 더 좋고 나쁘고의 싸움이 아니라 인식의 싸움이기 때문이죠(이에 대해 더 공부하고 싶다면《마케팅 불변의 법칙》이라는 책을 추천합니다). 플랫폼 매니저 역시 콘텐츠의 다양성을 추구합니다. 따라서 플랫폼에서 유일한 지식 콘텐츠를 만들었다면 적극적으로 홍보해줄 겁니다.

물론 세상에 없는 지식 콘텐츠를 제작한다고 반드시 성공하는 건 아닙니다. 정말 수요가 없어서 지금껏 시장에 나타나지 않았던 걸 수도 있으니까요. 그럴 경우 콘셉트를 바꿔서 다시 시도하면 됩니다.

마케팅은 의외로 단순하다

마케팅의 3단계 흐름

사람들은 마케팅을 하려면 제품을 많이 노출시키면 된다고 쉽게 생각하거나 반대로 전문적인 컨설팅을 받아야 한다고 어렵게 여기곤 합니다. 하지만 마케팅은 그렇게 흘러가지 않습니다.

마케팅의 흐름에는 크게 3단계가 있습니다. 방문하게 하고 구매하게 하고 다시 오게 하는 거죠. 예컨대 카페가 하나 있다고 칩시다. 당신이 길을 걷다가 분위기 있는 카페를 발견하고 호기심을 갖습니다(방문하게 하기). 안에 들어와 메뉴와 가격, 좌석 등을 확인하고 주문합니다(구매하게 하기). 먹어 보니 커피 맛이 좋아 다음 주에 친구를 데리고 다시 방문합니다(다시 오게 하기). 마케팅은 소비자가 이 3단계를 계속 하게 만드는 거죠.

이 3단계 순서를 잘 이해하면 식당이든 유튜브 채널이든 강의든 간에 마케팅할 때 무엇부터 해야 하는지 감을 잡을 수 있습니다. 이제부터 이 3단계의 핵심을 소개하겠습니다.

1단계, 방문하게 하기

1단계에서 중요한 수치는 CTR Click-through rate 입니다. 여기서 CTR은 클릭률을 뜻합니다. 예를 들어 어떤 콘텐츠를 100회 노출했을 때 3회 클릭되면 CTR은 3퍼센트입니다. 산업군과 플랫폼마다 다르겠지만 마케터들은 보통 3~8퍼센트로 CTR을 유지하려 합니다. 10퍼센트 내외면 좋은 수치라고 보죠.

CTR이 높다고 반드시 구매가 많이 발생하는 건 아닙니다. 하지만 구매를 위한 기회를 만들었다는 뜻이기에 수치가 낮으면 개선해야 합니다. CTR 수치를 공개하는 플랫폼도 있고 아닌 플랫폼도 있지만 사람들이 클릭하게 만들 방법을 늘 고민해야 하죠. 그럼 CTR을 높이려면 어떻게 해야 할까요? 핵심은 제목과 썸네일에 있습니다.

우선 제목을 살펴보겠습니다. 어떤 제목을 짓느냐에 따라 콘텐츠의 성패가 갈립니다. 예를 들어,

글쓰기 강의의 제목

- 글쓰기 노하우
- 돈 버는 습관을 만들어주는 30일 글쓰기 노하우

어떤 게 더 매력적인가요? 좋은 제목에는 구체성이 있어 보자마자 직관적으로 이를 통해 무엇을 얻을지 알 수 있습니다.

제목은 소비자의 취향을 저격하는 마지막 총알 한 발입니다. 그만큼 심사숙고해서 지어야 하죠. 재능 공유 플랫폼에 실제로 올라온 지식 콘텐츠의 제목을 보면서 어떤 제목이 좋은 제목인지 분석하겠습니다.

1. 전문성 보여주기

수상 내역, 소속, 직함, 경력 등 내세울 전문성이 있다면 제목에 적극적으로 드러내는 게 좋습니다. 소비자가 '이런 사람에게 배우고 싶다'는 감정을 느끼게 만드는 거죠. 가르치는 사람을 돈 보이게 만드는 제목이기도 합니다. 주로 '~에게 배우는', '~가 알

려주는'과 같은 형식을 갖고 있습니다.

전문성을 강조한 제목

- 현직 펀드매니저에게 배우는 재테크 상식
- 8년 차 자영업자가 알려주는 망하지 않는 매장 만들기
- JYP 안무가에게 배우는 트와이스 안무 마스터하기
- 현직 출판 디자이너가 알려주는 인디자인
- 슈퍼호스트가 알려주는 에어비앤비 클래스
- 파워블로거가 알려주는 블로그 초기 세팅 전략
- 대기업 인사 담당자가 말하는 통과되는 자소서 노하우

2. 혜택 보여주기

두 번째 방법은 이 수업을 들으면 어떤 이득을 얻을 수 있는지를 직관적으로 알려주는 겁니다. 구매자들이 달성하고 싶어 하는 욕구를 건드리는 제목으로, '~를 부르는', '~해주는', '~가 생기는' 등의 형식을 갖고 있습니다.

혜택을 강조한 제목

- 칼퇴를 부르는 엑셀 함수
- 2주 만에 끝내는 안드로이드 코딩

- 7주 만에 식스팩이 생기는 복근 클래스
- 처진 엉덩이를 올려주는 힙 업 클래스
- 거북목과 굽은 등을 펴주는 스트레칭 방법
- 발표에 자신감이 생기는 보이스 코칭
- 주 1회 일하고 100만 원 버는 투잡 클래스

3. 타깃 부르기

제가 평소 제목을 지을 때 늘 생각하는 원칙이 하나 있습니다.

'사람들은 이기적이며
자기와 관련된 일이 아니면 반응하지 않는다.'

사람들은 자신과 관련 있는 정보에만 반응합니다. 그래서 지목당하는 느낌을 주면 반응을 이끌어낼 수 있습니다. 이런 유형은 '~를 위한' 같은 표현사용합니다.

타깃을 부르는 제목
- 비전공자를 위한 웹디자인 클래스
- 문과생을 위한 안드로이드 코딩
- 오늘도 퇴사를 꿈꾸는 사람을 위한 창업 스쿨

- 요리하기 귀찮은 주부를 위한 간편 요리 클래스
- 10년째 헬스장 기부만 해온 사람을 위한 홈트레이닝
- 똥손만 오세요! 그림 고자를 위한 인물 드로잉 수업
- 콘텐츠 마케터를 위한 팔리는 글쓰기 수업
- 프리랜서를 꿈꾸는 사람들을 위한 수입 안정화 클래스

4. 구어체 사용하기

구어체는 가독성이 뛰어납니다. 문어체보다 빠르게 읽히고 리듬이 있어 기억하기도 쉽죠. 주로 일상에서 쓰는 표현들을 재가공하는 형태로 작성합니다.

구어체를 사용한 제목

- 언제까지 적금만 하실 거예요? 재테크 수업
- 내 리즈는 지금인걸요? 아름다움을 찾아주는 메이크업 수업
- 오늘도 고데기 하다가 빡치셨나요? 금손이 되는 헤어 스타일링 수업
- 못 그려도 괜찮아요. 함께 즐기는 드로잉 클래스.
- 세상에 타고난 몸치는 없다! 긴장된 몸을 풀어주는 댄스 클래스
- 칼퇴하고 싶다면? 이 수업을 당장 들으세요! 엑셀 클래스

- 일 잘하는 사람은 단순하게 합니다. 일머리 키우는 클래스

5. 책 제목 벤치마킹하기

요즘 서점에 가보면 제목이 매력적인 책을 많이 볼 수 있습니다. 판매에 많은 영향을 미치기 때문에 출판사도 상당히 고심해서 제목을 짓습니다. 책 제목에서 키워드나 문장의 형식을 바꿔 지식 콘텐츠의 제목을 작성해봅시다. 단, 그대로 베끼는 건 당연히 금물입니다.

책 제목을 벤치마킹한 제목

- 회사 다니긴 싫은데 돈은 벌고 싶어. 디지털 노마드 수업
- 하루 10분, 아주 작은 재테크 습관의 힘
- 로켓처럼 폭발적으로 성장하는 마케팅 전략
- 4주만 배우면 꿈도 영어로 꾼다. 영어회화 수업
- 나는 회사 다니며 세 번의 월급을 받는다. 직장인을 위한 투잡 수업
- 나는 오늘부터 퇴사를 준비한다. 직장인 창업 준비 클래스

여기까지가 제목을 작성하는 팁입니다. 그럼 이제 썸네일을 만드는 노하우를 알아볼까요?

썸네일은 소비자에게 지식 콘텐츠를 순간적으로 각인시키고 저런 결과물을 만들 수 있다는 기대를 심어줘야 합니다. 또한 콘텐츠의 내용을 유추할 수 있게 만들어야 합니다.

썸네일은 한 번 만들면 웬만해서 바꾸지 않는 걸 추천합니다. 사람들은 지식 콘텐츠를 보자마자 구매하지 않습니다. 몇 번이고 들락날락하며 고민하고 결제하죠. 썸네일이 바뀌면 구매를 망설이던 소비자들이 지식 콘텐츠를 못 찾을 수 있습니다.

또한 플랫폼에서 내 썸네일이 어떻게 보일지를 계산하고 제작해야 합니다. 각 플랫폼마다 정해진 규격에 잘 맞춰야 하죠. 지식 콘텐츠 리스트에서 썸네일 일부가 잘리면 안 됩니다. 같은 카테고리에 있는 다른 강의에 묻혀도 곤란하죠. 따라서 썸네일을 제작하기 전에 등록하려는 플랫폼의 화면을 캡처해서 내 썸네일을 합성한 뒤 잘 보이는지 확인해보면 좋습니다.

그럼 어떤 썸네일이 좋은 썸네일일까요? 좋은 썸네일을 만드는 방법에는 세 가지가 있습니다.

1. 정적인 이미지보다는 동적인 이미지

썸네일을 만들 때는 동적인 이미지를 사용하세요. 만약 베이킹 원데이 클래스를 한다면 썸네일에 빵 사진만 넣기보다는 좀 더 동적인 이미지, 즉 빵을 만드는 모습을 촬영한 사진을 넣는 게 좋습니다.《마케터의 문장들》이라는 책은 '스테이크가 아닌 지글지글 소리를 팔아라'라고 이야기합니다. 사람들이 베이킹 원 데이 클래스에 참여하는 이유는 직접 빵을 굽는 경험을 얻고 싶어서입니다. 단순히 빵을 원했으면 빵집에 갔겠죠.

동적인 분위기를 연출하려면 이미지에 손을 등장시켜보세요. 웃는 표정을 넣어도 괜찮습니다. 단, 결과물이 매우 독특하다면 결과물만 보여줘도 이목을 끌 수 있습니다.

2. 혜택 직관적으로 보여주기

썸네일에서 혜택을 직관적으로 보여주세요. 이 지식 콘텐츠를 통해 얻을 이득을 바로 상상하게 만드는 거죠. 보통 미용, 헬스 관련 지식 콘텐츠에서 자주 사용하는 방법입니다. 전후 사진으로 변화하는 모습을 보여주면 호응을 얻을 수 있습니다.

3. 텍스트 활용하기

썸네일에 텍스트를 넣는 걸 허용하는 플랫폼이 있습니다. 그런 곳에서는 텍스트를 활용하세요. 제목에서 미처 이야기하지 못한 내용을 추가로 설명할 수 있으니까요.

대신 글씨가 너무 많으면 지저분해 보일 수 있으니 전체 면적의 30퍼센트를 넘지 않는 게 좋아요. 비디오머그, 스브스뉴스

등 유튜브 미디어 채널들이 이런 썸네일을 잘 만듭니다. 표3의
사이트도 참고해보세요.

표3. 썸네일 제작에 참고하면 유용한 사이트

이름	주소	특징
망고보드	mangoboard.net	카드뉴스, 썸네일, 채널아트 등 미리 만들어진 디자인 템플릿을 사용할 수 있다.
미리 캔버스	miricanvas.com	카드뉴스, 썸네일, 채널아트 등 미리 만들어진 디자인 템플릿을 무료로 사용할 수 있다.
언스플래쉬	unsplash.com	사진의 저작권이 없는 무료 사이트. 감성적이고 분위기 있는 사진과 요리, 서핑, 피트니스 등 액티비티 분야 사진이 많다. 외국인이 등장한 사진이 많아 이 사이트의 사진을 참고해 재촬영하는 걸 추천한다.
펙셀즈	pexels.com	사진의 저작권이 없는 무료 사이트. 외국인이 등장한 사진이 많아 이 사이트의 사진을 참고해 재촬영하는 걸 추천한다.
엘리멘츠 엔바토	elements.envato.com	해외 콘텐츠 소스 플랫폼. 템플릿 카테고리에서 디자인 목업 이미지를 볼 수 있다. 단, 유료여서 무단으로 사용하면 안 된다.
핀터레스트	pinterest.co.kr	디자인 공유 플랫폼.

4. 강사 전면에 보여주기

셀프 브랜딩을 적극적으로 하고 싶다면 썸네일에 지식 콘텐츠 제작자 본인의 멋진 사진을 크게 넣어보세요. 잘 나온 사진을 단독으로 사용해도 괜찮고 앞서 이야기한 세 가지 요소를 같이 사용해도 좋습니다. 이 썸네일 유형은 클래스101의 커리어 카테고리를 참고하세요.

2단계, 구매하게 하기

자, 이제 마케팅 2단계에 왔습니다. 예비 소비자들이 내 지식 콘텐츠를 클릭해서 들어왔다면 이제 구매하게 만들어야겠죠? 여기서 눈여겨볼 수치는 CVR_{Conversion Rate}입니다. 전환율이라고도 부르죠.

어떤 상품을 소개하는 배너를 100명이 클릭했는데 그중 한 명이 구매했다면 CVR은 1퍼센트가 됩니다. '겨우 1퍼센트?'라고 생각할 수 있지만 보통 온라인 마케팅에서 1퍼센트는 준수한 수치에 속합니다.

CVR에 영향을 주는 요소는 여러 가지가 있습니다. 그중 지식 창업에서 제가 가장 중요하다고 생각하는 건 판매하려는 지식 콘텐츠를 소개하는 상세 페이지의 내용입니다. 내 썸네일을 클릭한 소비자가 상세 페이지를 보고 완전히 혹해야 지식 콘텐츠를 구매할 테니까요.

마케팅은 소비자를 설득하는 과정입니다. 어떻게 하면 최대한 빨리 공감을 이끌어낼 수 있느냐가 중요하겠죠. 과거에는 시장에 상품이 부족했기 때문에 노출시키는 족족 팔렸지만 지금은 무엇이든 넘쳐나는 시대입니다. 따라서 단순히 상품을 소개하는 것에 그치지 않고 소비자에게 제안을 해야 합니다. 필요를 느끼게 만들어주는 거죠.

지식 창업에서도 마찬가지입니다. 대부분의 사람들에게는 당신의 지식 콘텐츠를 소비해야 할 이유가 없습니다. 그러니 상세 페이지를 읽으며 이 지식 콘텐츠가 필요하다고 느끼게 만들어야 합니다. 이때 소비자를 설득하기 위한 나름의 순서가 존재합니다.

제작 배경 → 혜택 → 수업 내용 → 타깃

이 순서를 생각해보면 좋은 상세 페이지를 만드는 방법을 쉽게 이해할 수 있습니다.

1. 제작 배경

상세 페이지에는 먼저 이 지식 콘텐츠가 탄생한 배경을 밝혀야 합니다. 처음 그 지식 콘텐츠 제작하겠다고 생각한 동기가 있지 않나요? 그 내용을 진솔하게 적으면 됩니다. 가상의 인물로 스토리텔링을 해도 좋습니다.

제작 배경을 소개할 때는 이 지식 콘텐츠가 등장하기 전 경험했던 불편을 짧게 적어야 합니다. 너무 길면 소비자가 지쳐버릴 수 있어 서너 문장으로 요약해야 하죠. 제가 진행했던 PPT로 카드뉴스 만들기 강의를 예로 들어보겠습니다.

카드뉴스 만들기 제작 배경

1. 긴 글은 제대로 읽지 않는 시대에 카드뉴스는 필수다.
2. 카드뉴스를 포토샵으로 배우기가 힘들다.
3. 포토샵을 다룰 줄 몰라도 카드뉴스를 만들고 싶은 사람을 위해 이 수업을 만들었다.

사람들은 절대로 상세 페이지를 꼼꼼하게 읽지 않습니다. 그냥 쓱 훑고 지나가죠. 그래서 최대한 간결하게 써야 합니다. 불필요한 문장은 모두 빼도록 합시다. 저는 상세 페이지를 카드뉴스로 제작했습니다. 그림8을 참고해보세요.

그림8. 허대리가 실제로 사용한 상세 페이지

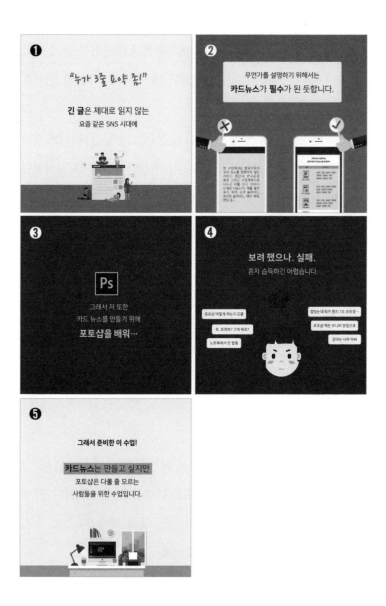

2. 혜택

소비자들이 이 지식 콘텐츠를 통해 얻는 게 뭔지 작성하세요. 시간이나 돈을 절약해준다거나 어떤 문제를 해결해준다는 혜택을 나열해보는 거예요. 여러 가지 이유가 있다면 가장 강력한 장점 서너 개만 적으면 됩니다.

이때 가능하면 구체적으로 서술하는 게 좋습니다. 구체적인 문장일수록 상상하고 몰입하게 만들기 때문입니다. 저는 이 디자인 강의를 들으면 이런 결과물을 만들 수 있다는 예시를 보여 줬습니다. 마찬가지로 돈을 버는 방법을 알려주는 강의라면 매출이나 수익 내역을 공개하는 것도 좋습니다. 수업 전후 상태를 적극적으로 비교해도 효과적이고요. 이때 자주 사용되는 표현에는 이러한 것들이 있습니다.

혜택을 소개할 때 자주 쓰는 표현

- 시행착오를 줄여드립니다.
- 7년 동안 배운 걸 두 시간에 압축해서 알려드리겠습니다.
- 듣고 나면 혼자서도 디자인이 가능해집니다.
- 군더더기 없이 핵심만 간단히 요약했습니다.
- 1,000만 원 써가며 배운 걸 알려드립니다.

3. 수업 내용

혜택 다음에는 커리큘럼을 소개합니다. 지식 콘텐츠의 목차를 나열하면 됩니다. 이때 '디자인의 이해'같이 대학교 강의 제목처럼 딱딱하게 설명하지 마세요. 전혀 매력적이지 않으니까요. 오히려 조금 자극적으로 작성하는 게 좋습니다. 또한 수업 시간, 주의사항, 진행 방식 등 구체적인 정보를 제공해야 합니다.

수업 내용 예시

- 한 번 보면 잊을 수 없는 세 가지 디자인 스킬
- 작업 시간이 절반으로 단축되는 꿀팁 세 가지
- 실패하지 않는 색조합
- 실무에서 하는 그대로 알려드리는 광고 세팅법

4. 타깃

자, 이제 여기까지 왔다면 소비자들은 당신의 지식 콘텐츠를 구매할까 말까 고민하고 있을 겁니다. 이때 타깃을 직접 지목해야 합니다.

타깃은 자세하면 자세할수록 좋습니다. '포토샵이 필요한 사람'보다는 '포토샵 배우려고 책을 샀지만 펼쳐보지 않고 있는 사람'처럼 구체적인 상황을 언급하는 거죠. 이 상세 페이지를 어떤 사람이 클릭할지 상상하며 작성해보세요. 소비자와 직접 대화할 기회가 생기면 어떤 일을 하고 목적이 무엇인지 알아보는 것도 좋습니다.

지금까지 상세 페이지를 작성하는 기본적인 방법을 살펴봤습니다. 이외에도 작은 팁을 하나 추천합니다. 내 콘텐츠와 유사한 다른 콘텐츠의 리뷰를 참고해보세요. 가령 '쇼핑몰 운영자를 위한 SNS 광고 세팅 전략'이라는 PDF 전자책을 쓰려고 한다면 'SNS 광고 하루 만에 끝내기'라는 기존 강의의 리뷰를 참고하는 거예요. '실무 경험을 들으니 좋아요!', '메뉴얼 사용법처럼 너무 기초적인 내용을 다룰 줄 알고 걱정했는데 생각보다 심화된 내용을 배울 수 있어서 좋았어요!' 같은 리뷰가 있다고 치면 상세 페이지에 이렇게 응용해보세요.

'실무 경험 위주로 수업을 진행합니다.
메뉴얼 같은 너무 기초적인 내용은 따로 다루지 않고
간단한 페이퍼로 정리해드립니다.'

상세 페이지 외에 구매 전환에 영향을 미치는 요소가 하나 더 있습니다. 바로 가격입니다. 앞서 강의 가격은 최대한 저렴하게,

많이 팔 수 있게 설정하라고 이야기했습니다. 마찬가지로 처음에는 지식 콘텐츠의 가격을 저렴하게 설정하는 게 좋습니다.

지나치게 고급화하면 가격 자체로 진입장벽이 세워집니다. 물론 소비자가 많지 않으면 응대하기가 수월하다는 장점이 있지만 그 가격 이상의 가치를 제공해야 한다는 문제가 생깁니다. 소비자의 기대치가 너무 높으면 지식 창업 초보자가 이를 충족시키기에 무리가 있을 수 있습니다.

저는 PDF 전자책의 경우 한 권에 1만~2만 원(정보의 질이 좋거나 희소하다면 2만~3만 원), 오프라인 강의의 경우 초기에는 1회에 10만~20만 원, 현재는 시간당 50만 원으로 가격을 책정했습니다. 이때 오프라인 강의는 1회 수업에 얼마를 남기고 싶은지 생각해보면 강의료를 책정하기 수월합니다. 한편 온라인 강의의 경우 플랫폼 MD와 상의를 통해 결정됩니다. 보통 6만~19만 원 사이로 책정되죠.

가격을 책정할 때는 일반적으로 시세를 따르되 살짝 저렴한 게 좋습니다. 하지만 지나치게 싸면 오히려 소비자들에게 지식 콘텐츠의 퀄리티가 낮다고 인지될 위험이 있습니다. 한편 시장 가격보다 높게 책정할 수밖에 없다면 그 이유를 상세 페이지에 설명하는 게 좋습니다.

3단계, 또 오게 하기

많은 사람들이 콘텐츠를 한 번 팔면 할 일이 끝났다고 생각합니다. 하지만 계속 그 판매를 유지해야 지식 창업 시장에서 생존할 수 있습니다. 유튜브 구독자가 내 새로운 영상을 꾸준히 보게 한다든가, PDF 전자책을 구매한 고객을 블로그 구독자로 유인한다든가, 종이책 독자가 온라인 강의를 추가로 듣게 만들어야죠. 이때 두 가지를 생각하면 됩니다.

1. 로드맵을 제시한다

지식 창업의 장점은 소비자를 단계적으로 발전시킬 수 있다는 점입니다. 문제집에 기본편, 실전편이 있는 것처럼 말이죠. 앞서 콘텐츠를 담는 그릇의 종류를 잠깐 언급했죠? 전자책이라는 그릇, 유튜브라는 그릇, 강의라는 그릇에는 같은 내용을 담더라도 양적, 질적 차이가 생깁니다.

따라서 소비자들이 계속 내 콘텐츠를 즐기게 만들고 싶다면 이외에도 여러 콘텐츠들이 있다는 점을 소개하는 게 좋습니다. 다른 정보를 얻고 싶으면 유튜브, 블로그를 구독해달라고 이야기하는 것도 괜찮습니다. 내 지식을 앞으로 어떻게 이용하면 좋은지 로드맵을 제시하는 거죠.

2. 소비자를 성공시킨다

지식 창업에서 소비자를 내 팬으로 만드는 방법은 간단합니다. 그 사람을 성공시키면 됩니다.

누군가 당신이 만든《매달 부업으로 월급 외 수익 창출하기》라는 PDF 전자책을 읽고 그대로 실행해 월 100만 원을 벌게 됐다면 어떨까요? 그 사람은 이 PDF 전자책이 자신의 삶을 성공시켰다는 사실에 감격해 동네방네 읽어보라고 소문을 낼 겁니다. 자연스럽게 소비자가 마케터 역할을 해주는 거죠. 또한 그 소비자는 당신이 제공하는 지식 콘텐츠를 빠짐없이 보기 위해 블로그, 유튜브 같은 다양한 파이프라인을 구독할 겁니다. 그러면 그 사람을 소비자로 계속 확보할 수 있죠.

이렇게 지식 창업에서 소비자를 마케터로 만들기 위해서는 단순히 한 번 만족시켜주는 걸 넘어서 그 사람을 성공시켜야 합니다. 그 사람의 문제가 뭔지 정확하게 파악해야 하죠. 이를 위해 저는 제 지식 콘텐츠의 소비자가 남긴 댓글을 많이 찾아보고 월급 독립 스쿨에 모여 고민을 직접 들어보려고 노력합니다. 직접 만나 함께 식사도 합니다. 이렇게 소비자와 소통하면 그들이 겪는 문제가 무엇이고 그걸 어떻게 해결해줄지 자연스럽게 파악할 수 있습니다.

이렇게 했는데도 안 팔린다면…

지금까지 마케팅의 3단계 흐름을 알아봤습니다. 이렇게 했는데 팔리지 않는다고요? 그렇다면 1단계부터 다시 차근차근 돌이켜보며 개선해나가면 됩니다. 어떻게 복기하면 되는지 예시를 하나 들어보겠습니다.

M은 평소 독서를 좋아해 사람들에게 독서 습관을 만드는 방법을 알려주곤 했습니다. 그 노하우를 정리해서 유료 오프라인 강의도 만들었습니다. 그러나 열흘이 지나도 고객이 단 한 명도 오지 않았습니다.

그래서 M은 먼저 1단계, 방문하게 만들기에서 문제가 없는지 콘텐츠의 제목과 썸네일을 살펴봤습니다.

매일 성공에 가까워질 수 있는 독서법 알려드립니다

너무 추상적이었습니다. 직관적으로 와닿지도 않습니다. A는 고민 끝에 제목을 이렇게 바꿨습니다.

책 읽는 속도를 세 배 이상 늘려주는 하루 20분 독서법

한편 현재 썸네일은 '책'이라고 인터넷에 치면 나오는 무료 이미지를 아무거나 넣었습니다. 동적인 인상을 주는 이미지를 활용하라는 팁이 떠올랐고 오래전 모임에서 찍어둔 사진을 사용하기로 했습니다. 네 명이 테이블에 앉아 책을 읽고 M이 가운데 서서 그들을 바라보고 있는 사진이었습니다. 마침 셔츠도 입고 있어서 전문적인 느낌이 들었습니다.

그렇게 1단계를 개선해 다시 지식 콘텐츠를 판매하자 놀랍게도 팔리기 시작했습니다. 하지만 어딘가 아쉬운 느낌이 들었습니다. 더 잘 팔렸으면 좋겠거든요.

이제 2단계를 복기하겠습니다. 상세 페이지에서 문제점은 없는지 살펴봤습니다. 지인들에게도 보여줬는데 도입부가 너무 길다는 의견을 받았습니다. 다시 읽어보니 너무 내 이야기를 많이 썼습니다. 머리를 쥐어짜 딱 세 줄로 요약했습니다.

타깃도 너무 광범위했습니다. '독서 능력을 향상시키고 싶은 분'이라고 적었거든요. 타깃을 좀 더 구체적으로 써봅니다.

직장 생활 3년 차,
시간은 없는데 책은 많이 읽어야 하는 중간관리자

이제 판매가 더 활발해졌습니다. 하지만 M은 여기서 만족하지 않습니다. 이제 3단계를 개선해봐야겠죠?

M이 강의를 진행하다 보니 수강생들에게 '책을 어떻게 고르느냐'는 질문을 많이 받았습니다. 사람들이 이 주제를 궁금해한다는 걸 알게 된 M은 다른 강의를 추가로 만들었습니다. '내게 맞는 책과 작가를 고르는 북 큐레이팅 방법'이 그것이었죠. 강의를 마칠 때마다 이런 강의가 있다고 수강생에게 설명하자 M의 강의를 이어서 듣는 사람들이 늘어났습니다.

이처럼 신중하게 기획해 지식 콘텐츠를 내놓았는데 반응이 없다면 마케팅의 3단계 흐름을 잘 지켰는지 다시 한 번 확인해보세요. 냉정하게 내 지식 콘텐츠를 점검하고 그래도 모르겠다면 지인들에게도 의견을 구합시다. 발전의 실마리를 찾을 수 있을 거예요.

트래픽을
늘리는 방법

플랫폼에서 확보할 수 있는 트래픽은 한정적이다

플랫폼에서 콘텐츠를 판매하는 것에는 어느 정도 한계가 있습니다. 소비자의 자연스러운 확장이 어렵기 때문입니다.

플랫폼에는 카테고리가 수십 개 있습니다. 플랫폼 이용자들은 대부분 그중 자신이 관심 있는 카테고리 하나를 선택해서 머뭅니다. 수십 개 카테고리가 소비자를 나눠 가지는 구조죠. 그러다 보니 특별한 이슈가 없는 이상 갑자기 특정한 카테고리의 트래픽이 늘지는 않습니다.

따라서 판매가 정체되고 있다면 외부 트래픽을 유입해야 합니다. 그 방법에는 크게 두 가지가 있습니다.

플랫폼과 파트너가 돼라

앞서 여러 번 이야기했지만 플랫폼과 좋은 관계를 맺으려면 희소한 또는 잘 팔리는 지식 콘텐츠를 기획해야 합니다. 플랫폼 카테고리 매니저들은 어떤 지식 콘텐츠가 잘 팔리는지 꾸준히 모니터링합니다. 그리고 리뷰가 좋고 판매가 잘 되는, 사람들의 관심을 끌 만한 지식 콘텐츠는 적극적으로 밀어줍니다.

실제 예를 들어볼게요. 저는 탈잉에서 지인과 함께 운동 강의를 기획한 적이 있습니다. 그때 차별화를 위해 홈 트레이닝 소도구를 증정했습니다(약 5,000원가량이었으며 도매 사이트에서 대량으로 저렴하게 구매했습니다). 또 강의 설명란에 직접 촬영한 인터뷰도 올렸죠.

탈잉 매니저가 영상과 강의 내용을 보고 상품성이 있다고 판단했는지 해당 강의를 적극 홍보하기 시작했습니다. 그렇게 탈잉과 최대한 협력하며 지속적인 관계를 맺었고 함께 콘텐츠도 만들었습니다. 결국 그 콘텐츠 중 하나가 '카카오 1분'에 소개돼

84만이라는 조회수를 기록했죠. 나아가 강의 소개 페이지에 수천 명이 유입됐습니다. 이렇게 플랫폼 매니저의 눈에 띄면 좋은 기회를 잡기도 합니다.

좀 더 적극적으로 소통하는 방법도 있습니다. 저는 이런 아이디어가 있는데 제안해도 괜찮을지 플랫폼에 직접 물어봅니다. 과하지 않은 선에서요. 매니저들도 콘텐츠에 굶주려 있기 때문이죠(그들도 직장인이니 너무 귀찮게 하지는 맙시다).

플랫폼 매니저들의 회의 시간에 내가 언급될 수 있도록 아이디어를 꾸준히 제공하세요. 저는 카드뉴스를 직접 만들어서 플랫폼에 보낸 적도 있는데, 그 콘텐츠가 플랫폼 SNS 채널에도 소개됐습니다. 돈 드는 것도 아니잖아요. 적극적으로 어필하면 기회가 생길 수 있습니다. 플랫폼을 함께 성장시키는 협업가로서의 이미지를 만들고 수업 개선을 위해 꾸준히 노력하고 있다는 인상을 주면 더욱 좋습니다. 플랫폼 매니저들도 사람인지라 일하기 편한 사람을 선호하거든요.

매니저들에게 내 지식 콘텐츠에 대한 피드백을 요청해보세요. 피드백이 돌아올 때 그리고 그 피드백을 수용해 수강생이 늘어나면 그때마다 감사 인사를 꼭 해야 합니다.

나의 SNS 채널을 운영하라

블로그, 브런치, 페이스북, 유튜브 등에서는 직접 잠재적 소비자를 확보할 수 있습니다. 물론 처음에 다소 시간이 걸립니다. 하지만 시드 구독자를 어느 정도 모아두면 막강한 자생력을 갖게됩니다. 이렇게 SNS 채널을 직접 운영하면 재능 공유 플랫폼으로 외부 트래픽을 늘리는 데 큰 도움이 됩니다.

구독자를 모으기가 너무 어렵다고요? 사실 구독자를 모으는 일은 매우 간단합니다. 유용한 정보를 무료로 제공해주면 됩니다. 흔히 사람들은 좋은 정보를 아끼고 버려도 되는 정보를 무료로 공개하는데, 사실 반대로 가야 합니다. 버려도 되는 정보도 주고 좋은 정보도 꼭 주세요. 그래야 사람들이 감동합니다.

얕은 정보를 자주 주는 것보다 한 달에 한 번이라도 깊은 정보를 주는 게 좋습니다. 얕은 정보는 나 말고도 주는 사람이 이미 많습니다. 지식 콘텐츠를 만들면서 스스로도 '와, 이거 모르면 손해인데?'라는 생각이 들면 더욱 좋습니다.

이렇게 구독자들에게 무료로 좋은 정보를 꾸준히 주면 신뢰가 쌓입니다. 흔히 말해 믿고 보는 지식 콘텐츠 제작자가 되죠. 《콘텐츠를 창업하라》라는 책에서는 이를 "관계자산"이라고 부릅니다.

이렇게 관계자산이 많이 형성될수록 내가 판매하고자 하는 콘텐츠로 유입되는 트래픽은 늘어납니다. 이때 얼마큼 콘텐츠를 공개할지 잘 배분해야 합니다. 예컨대 유튜브에서는 50퍼센트를 제공하고 그 이상은 다른 콘텐츠에서 풀겠다고 구매를 유도하는 거죠.

5교시

지속하는
힘
만들기

성장을 막는
장애물 제거하기

세상은 나를 방해하지 않는다

지금까지 월급 외 수익을 만들어줄 나만의 콘텐츠를 기획하고 제작하고 판매하는 방법을 알아봤습니다. 하지만 여기서 끝이 아닙니다. 이렇게 힘들게 만든 결과물을 잘 유지하는 일도 중요하죠.

성장의 가장 큰 장애물이 무엇일까요? 바로 '나'입니다. 저 역시 과거에 제가 가지고 있던 선입견이나 상처, 두려움, 열등감 등에 계속 발목을 잡히고 있었습니다. 지금부터 그 장애물들의 정체를 하나하나 낱낱이 밝혀보려고 합니다.

첫 번째 장애물, 200만 원이라는 감옥

제가 직장 생활을 할 때 이야기입니다. 입사한 지 1년이 지나 생애 첫 연봉 협상을 하게 됐습니다. 그때 저는 회사에서 꽤 중요한 인력이었고 저 혼자 회사에 벌어다주는 돈이 매달 1,000만 원에 가까웠습니다. 회사의 협상 기준은 따로 없었고 성과에 따라 제한 없이 연봉이 상승될 수 있었죠.

저는 당시 연봉인 2,800만 원에서 얼마를 올리는 게 좋을지 몇 주를 고심했습니다. 인터넷에서 연봉 협상법에 대한 글도 찾아보고 나름대로 공부도 했습니다. 그리고 연봉 협상 당일, 고심 끝에 대표에게 3,150만 원을 제시했습니다.

협상은 순조로웠습니다. 대표는 제안을 흔쾌히 수락했습니다. 절 좋은 사람이라고 칭찬까지 해줬습니다. 뿌듯한 협상을 마치고 팀장이 저를 불러 얼마에 협상했는지 물어봤습니다(팀장은 인사담당자라 모든 직원의 연봉을 알고 있었습니다). 3,150만 원이라고 답하자 팀장이 "왜 그렇게 적게 불렀어. 3,600만 원은 불러도 충분히 괜찮았을 텐데!"라고 안타까워했습니다.

저는 충격을 받았습니다. 제 선택지에 3,600만 원은 없었기 때문입니다. 저는 3,150만 원과 3,300만 원 사이에서 갈등했을 뿐이었습니다.

"괜찮아요, 제가 원하는 결과를 얻었는걸요"라고 이야기하고 겉으로는 태연한 척했지만 속은 시끄러웠습니다. 일이 손에 잡히지 않았습니다. 왜 바보같이 고작 월급 30만 원 올리는 것에 만족했을까요?

그 이유는 다름이 아니라 높아진 연봉을 책임져야만 할 것 같았기 때문입니다. 일에 부담을 갖고 싶지 않았습니다. '3,600만 원? 그건 대기업 초봉 아닌가? 내가 그런 일을 해낼 수 있다고?'라고 생각했습니다. 지금 2,800만 원의 책임도 너무 무거운데 여기서 800만 원의 책임이 더해진다면 견뎌낼 수 없을 것 같았습니다.

하지만 그 생각이 절 한 달에 딱 200만 원만 벌 수 있는 사람으로 만들고 있었습니다. 저는 200만 원어치 성과를 내는 데 완벽하게 적응했고 그 이상은 노력하지 않았습니다. 그렇게 딱 200만 원짜리 사람이 됐습니다. 제 성장을 막는 장애물은 대표도 팀장도 아니라 바로 저였습니다.

이 책을 읽는 사람들 중 200만 원대 월급을 받는 직장인들도 많을 겁니다. 아마 좋은 회사에 취업했다면 300만 원 이상의 월급을 받고 있겠죠. 여기서 한 가지 질문을 하겠습니다.

'당신이 한 달에 200만 원만 받아야 하는 이유가 무엇입니까?'

200만 원을 받아야 할 타당한 이유가 있나요? 만약 당신이 실은 500만 원 이상의 가치를 하고 있는 사람이라면? 우리가 한 달에 200만 원을 버는 이유는 200만 원짜리 사람이어서가 아니라 200만 원을 주는 자리에 고용됐기 때문입니다.

한 달에 200만 원만 벌어야 한다는 원칙은 없습니다. 그냥 회사에서 그렇게 정했을 뿐입니다. 평균 연봉을 기준으로 내 상황이 괜찮다, 안 괜찮다 판단하지 않았으면 합니다. 이 글을 읽고 의심해봤으면 좋습니다. 나는 얼마짜리 사람인가요?

두 번째 장애물, 물어보고 시작하기

유튜브 채널을 운영하며 꽤 많은 질문을 받습니다. 그중 대다수를 차지하는 게 이 질문입니다.

"저 이거 해도 될까요?"

이렇게 묻는 사람들은 뭔가를 시도함에 있어서 절대로 손해를 보고 싶지 않아 합니다. 이런 사람들에게 "해도 됩니다"라고 답해도 대부분은 하지 않죠.

당신이 기획한 지식 콘텐츠가 좋은 반응을 얻을지는 저도 100퍼센트 알 수 없습니다. 시장이 좋아할지는 시장에게 물어봐야 정확하겠죠. 그러니 일단 시도해보는 게 좋습니다.

게다가 '이거 해도 되느냐'는 질문은 질문 자체에 수동적인 의미를 내포하고 있습니다. 정말 될 만한 일인데도 누가 '하지 마세요'라고 하면 안 할 건가요? 그 질문에 대한 답이 당신을 정말 성장시킬 수 있을까요? 뭔가를 하고 싶다면 차라리 이렇게 질문을 바꾸는 게 현명합니다.

'A를 진행하려고 합니다.

1, 2, 3이 우려되는데 해결 방법으로 a, b, c를 생각해봤습니다.
당신이라면 어떤 선택을 할 건가요?'

의견을 묻는 것과 허락을 받는 건 다릅니다. 누군가에게 당신의 행동에 허락을 받지 말고 의견을 구하길 바랍니다. 어떤 꿈을 품든 그걸 실현하기로 결정한 순간 당신이 겪어야 할 시행착오의 계단은 펼쳐집니다. 확신은 누군가에게 물어서 생기는 게 아니라 내가 실행하면서 갖는 겁니다.

세 번째 장애물, 선택을 미루는 것

저는 조금 우유부단한 사람입니다. 늘 최후의 시간까지 선택을 미루죠. 그래서 실행도 늘 늦어졌습니다. 아마 이 글을 보고 있는 사람들 중에도 A를 할까, B를 할까 고민하는 경우가 많을 겁니다.

고민을 해결할 간단한 방법을 하나 소개할게요. 그냥 둘 다 해보세요. 빨리할 수 있는 것부터요. 사실 모든 궁금증은 해보면 답이 나옵니다.

아이디어가 너무 복잡해서 실현하는 데 6개월은 걸릴 것 같다고요? 그러면 그 6개월 걸릴 아이디어를 2주 안에 검증할 방법을 찾아보세요. 고민이 길어질수록 시간만 가고 시도해볼 기회는 줄어듭니다.

아이디어가 머릿속에 멈춰 있으면 무거워지기 마련입니다. 실패할 가능성이 자꾸 생각나거나 혹은 더 잘될 방법이 자꾸 떠올라서 살을 붙이기 시작하거든요. 그럴수록 아이디어는 밖으로 나오기 어려워집니다.

네 번째 장애물, 그렇지만··· 병

저는 누군가의 재능을 찾아내 발전시켜주는 걸 좋아합니다. 그래서 습관적으로 사람들의 잠재력을 보려 애쓰고 더 잘될 수 있게 도와줍니다. 그런데 제가 사람들에게 칭찬할 때마다 이런 대답이 돌아옵니다.

"A 씨는 이걸 참 잘하네요. 누구를 가르쳐도 될 수준인데요?"
"제가요? 제가 뭘요. 저보다 뛰어난 사람이 얼마나 많은데요."
"당연히 많겠죠. 그렇지만 저 같은 초보자를 가르치기에는
충분한 실력이에요."
"아니에요. 저는 전공자도 아니고 어디서 내세울 실력도 없어요.
누굴 가르쳐본 적도 없고 가르쳐줄 만한 공간도 없는 걸요."
"꼭 전공자여야만 누굴 가르칠 수 있는 건 아니에요.
장소는 잠깐 빌릴 수 있는 공간이 많아요."
"그렇지만 저는 지금 너무 바빠요. 시간도 없고 돈도 없는 걸요."

이렇게 끈질기게 안 될 이유를 찾습니다. 저도 이런 상대를 만나면 더 애쓰지 않고 포기해버리고 맙니다.

혹시 어떤 아이디어를 처음 떠올렸을 때 안 될 이유부터 따져

보지 않나요? 물론 자연스러운 반응입니다. 그러나 그 생각에 먹이를 줄 필요는 없습니다.

실패하면 안 되는 상황에서 시작하지 마세요. 안돼도 괜찮은 상황에서 시작하세요. '안되면 말고~'라며 가볍게 생각하고 시작하세요.

저는 N잡하는 허대리라는 유튜브 채널을 만들기 전에 채널 열세 개를 실패했습니다. 하지만 어떠한 타격도 입지 않았죠. 돈을 쓴 것도, 시간을 낭비한 것도 아니었기 때문입니다. 안돼도 크게 상관없었습니다. 이런 생각이 저를 더 여유롭게 만들었고 더 많은 시도를 할 수 있었습니다. 잃을 게 없으면 안 할 이유가 없겠죠.

늘 안 되는 이유를 생각하며 살고 있다면 아마 '그렇지만 병'에 걸린 사람들에 둘러싸여 있거나 그런 환경에서 자랐을 확률이 큽니다. 정말 삶이 변화되길 원한다면 일단 그들에게서 도망쳐야 합니다. 이런 조언을 하면 이렇게 답하는 사람들이 있습니다.

"그렇지만 그 사람들은 나의 소중한 가족이고 유일한 친구인데요?"

그럴 수 있습니다. 하지만 당신은 이미 변화하길 선택했습니다. 이전과 다른 삶을 살고 싶어하죠. 그러려면 냉정한 결단이 필요합니다.

모든 인연을 끊어버리라는 이야기가 아닙니다. 내 발목을 잡는 말과 행동에 하나하나 영향을 받지 말라는 겁니다. 당신이 하는 모든 일을 그들에게 공유할 필요가 없습니다. 그냥 조용히 연락을 줄이고 내가 달성하려는 목표에 집중하세요.

저 또한 그러했습니다. 제 가족, 친구들은 안정을 추구하는 사람들이었습니다. 제가 평범하게 직장을 다니겠다고 생각하지 않고 다른 일을 선택한 걸 아무도 지지하지 않았죠. 직장 생활이 아닌 원하는 일을 하면서 돈을 벌겠다는 목표는 그들에게 허황된 꿈에 불과했습니다.

처음에 저는 늘 그 반대 의견에 맞서 싸웠습니다. 당신 생각이 틀렸다는 걸 증명해보겠다며 씩씩거렸죠. 하지만 그런 감정은 제가 발전하는 데 어떠한 도움도 주지 못했습니다. 오히려 빨리 뭔가를 이뤄내야 한다는 강박만 생길 뿐이었습니다. 그리고 결국 그들이 예상한 대로 실패했습니다.

이런 시행착오로 배운 게 하나 있습니다. 나의 모든 상황을 사람들에게 중계해서 인정받을 필요가 없다는 것. 뭔가를 이룰 때 반드시 타인의 응원이 필요한 건 아닙니다. 특히 당신이 평범한 길을 벗어나 난생처음 새로운 일을 시도하는 걸 지지할 사람은 많지 않습니다. 그들의 생각을 애써 바꾸지 않는 편이 좋습니다.

매일 혼자만의 시간을 확보하고 묵묵히 당신의 일을 해나갑시다. 스스로 만족할 만한 성과를 냈을 때 친구와 가족에게 그 소식을 알려주면 됩니다. 그때는 그들도 당신을 진심으로 지지해 줄 겁니다.

CHAPTER 22

자주 실패하고
자주 시도하면 된다

거창하게 시작하지도, 실패하지도 말 것

제가 앱 개발을 했을 때 일입니다. 당시 아이디어를 기획하고 앱스토어에 앱을 올리기까지 장장 1년 6개월이라는 시간이 소요되고 개발 비용은 1,000만 원 이상 들었다고 이야기했죠? 그때 앱스토어에 앱을 올리고 나서야 세상이 내 아이디어를 필요로 하지 않는다는 걸 깨달았습니다. 그 사실을 미리 알았더라면 시간과 비용을 아낄 수 있었겠죠.

이렇게 긴 시간과 큰 비용을 투자했는데 실패하니 또 도전할

힘이 나지 않았습니다. 또 이런 과정을 겪어야 하나 싶었던 거죠. 이렇게 수요를 제대로 확인하기도 전에 거창하게 준비하면 실패했을 때 타격이 큽니다. 2층에서 떨어지는 것과 12층에서 떨어지는 것 중 어느 게 아플까요?

대박 날 콘텐츠를 기획했다며 신이 나 거의 두 달을 투자해 꼬박 100쪽에 달하는 PDF 전자책을 쓰고는 팔리지 않자 "역시 나는 안 돼"라고 외치는 사람들을 종종 목격합니다. 이런 경우도 있습니다. 기가 막힌 유튜브 채널 콘셉트가 생각났다고 카메라에 짐벌에 조명까지 삽니다. 그것도 가장 좋은 걸로요. 유튜브 성공 비결이 담긴 온라인 강의도 10만 원 주고 수강합니다. 기왕 시작하는 거 제대로 해야죠. 이미 이 모든 걸 하는 데 한 달 이상의 시간이 소요됐습니다. 지인들에게는 곧 유명 유튜버가 될 거라며 자신의 채널 콘셉트가 얼마나 멋진지 설명합니다. 꼬박 30시간이 걸려서 완벽에 가까운 영상을 하나 만들어내는 데 성공하지만 막상 업로드하자 조회수가 7입니다. 기대보다 낮은 반응에 실망해 다른 영상은 올릴 엄두도 내지 못합니다.

결코 남 이야기가 아닙니다. 이 책을 읽고 강의, 유튜브, PDF 전자책 등의 지식 콘텐츠를 만들기 시작하면 잘하고 싶은 마음에 이것저것 준비하게 될 겁니다. 그럴 때 이 두 개의 단어를 기억하세요.

이 용어는 흔히 스타트업에서 사용되는 개념입니다. 이 둘을 숙지하면 어떤 사업이든 과감하게 시도할 수 있을 겁니다.

MVP와 PMF

MVP~minimum viable product~는 '최소 기능 제품'이라고도 불립니다. 내가 만들려는 상품의 핵심 기능을 아주 작은 규모로 만들어내는 걸 뜻하죠. 이해를 돕기 위해 예를 하나 들어보겠습니다.

야놀자는 숙박업소를 중개해주는 앱입니다. 그런데 이 서비스가 원래 다음 카페에서 시작된 것 알고 있나요? 모텔에서 일하던 이수진 대표가 500만 원으로 다음 카페 하나를 인수해 모텔 가격, 약도, 사진, 후기를 작성했습니다. 그런데 생각보다 사람들의 반응이 좋았습니다. 그걸 보고 모텔에 방문하는 사람이 늘어나니 제휴를 신청하는 업소도 늘어났죠. 그러자 자연스럽게 앱 개발로 이어진 겁니다.

여기서 주목할 건 무작정 앱부터 만든 게 아니라는 사실입니다. 다음 카페를 활용해 사람들이 이 서비스를 이용하는지, 기꺼이 여기에 돈을 지불하는지 미리 알아봤습니다. 수요를 조사한 거죠. 여기서 다음 카페를 MVP라고 부릅니다.

자, 그럼 PMF는 무엇일까요? PMF product market fit 는 '제품 시장 궁합'으로, 시장의 니즈를 찾아내는 걸 말합니다. 보통 'PMF를 발견했다'고 표현합니다. 야놀자 사례에서 모텔 업주들이 돈을 지불하고 자기 모텔도 등록해달라고 요청하는 게 바로 PMF입니다. 어느 정도 감이 오나요?

새로운 예를 들어보겠습니다. 당신이 레몬에이드를 만드는 특수한 레시피를 가지고 있다고 가정합시다. 너무 맛있어서 이걸 팔면 대박이 날 것 같은 거죠. 부자가 되는 상상도 해봅니다. 그래서 당신은 테이크아웃 전문 레몬에이드 카페를 열기로 결심합니다.

여기서부터 많은 사람들이 실수하는 게 있습니다. 무턱대고 부동산에 찾아가서 상가부터 알아보는 거죠. 상가를 계약하는 순간 큰 비용을 감당해야만 하고 그때부터 빚을 갚기 위한 장사가 시작됩니다.

하지만 우리는 MVP와 PMF의 개념을 숙지했잖아요? 그러니 우선 레몬에이드를 다른 사람들도 좋아하는지 알아봅니다. 내 입맛에만 맞는 걸 수도 있으니까요. 그래서 길거리에서 레모네이드를 직접 팔아봐요. 길거리가 좀 꺼려진다면 번화가 플리마켓

행사에서 팝업스토어를 열어볼 수도 있겠죠. 이때 팝업스토어가 MVP가 되겠네요.

그렇게 팝업스토어에서 맛이 너무 달지 않은지, 양은 괜찮은지, 가격은 어떤지, 패키지는 어떤지 등 사람들의 반응을 조사합니다. 왠지 대답을 잘해줄 것 같은 고객은 붙잡아두고 인터뷰도 합니다. 성실하게 인터뷰해준 사람들에게는 레몬청을 보내주겠다고 하고 동의를 얻어 연락처를 수집합니다. 그렇게 3~5회 정도 계속해 데이터를 만듭니다.

설문조사를 해봤더니 레몬에이드에 단맛보다 신맛이 더 강했으면 좋겠다는 의견이 많았습니다. 그동안 당신은 내가 단맛을 좋아하니 다른 사람들도 단 레몬에이드를 좋아할 줄 알았던 거죠. 그래서 신맛을 더 강화하도록 레시피를 수정해서 다시 팝업스토어로 나갑니다. 다시 데이터를 수집해보니 사람들의 반응이 전보다 좋습니다. 드디어 시장이 원하는 게 무엇인지 발견한 거죠. PMF를 찾았군요.

이제 부동산에 가서 카페 자리를 계약하고 이전에 만났던 고객에게 '안녕하세요. 그때 플리마켓에서 레몬에이드 팔았던 사람입니다! 주신 피드백 덕분에 제가 레몬에이드 카페를 오픈하게 됐어요. 더 입에 잘 맞으실 겁니다. 주소는 OOOO입니다. 친구분과 오시면 한잔 무료로 드리겠습니다'라고 문자를 보냅니다.

이렇게 초기 고객을 만들면 실패 확률을 조금이나마 줄일 수 있습니다.

팝업스토어를 여는 데도 돈이 들지 않느냐고요? 매장을 내서 몇천만 원 깨지는 것보다 훨씬 낫지 않나요? 자, 그럼 이제 지식 창업에서 MVP와 PMF를 어떻게 찾는지 알아봅시다.

안 될 걸 만들어 기대하지 말고 될 걸 팔아라

'얼리버드 할인'이라는 단어 많이 들어봤죠? 상품이 만들어지기 전에 저렴한 가격으로 판매하는 걸 뜻합니다. 요즘 온라인 강의 플랫폼에서도 얼리버드 할인을 자주 합니다. 그 이유는 명확합니다. 바로 수요 예측 때문이죠.

일부 플랫폼에서는 강의를 판매하기 전 알림 신청, 수요 조사 등의 단계를 거치곤 합니다. 강의의 수요를 확인한 뒤 실제로 상품을 만들죠. 기껏 시간과 비용을 들여 강의를 제작했는데 안 팔리면 손해가 막대하기 때문입니다. 강의 콘셉트, 커리큘럼 등을 소개해 미리 판매한 뒤 본격적으로 강의를 만듭니다.

그럼 우리가 하는 지식 창업에서는 어떻게 수요 조사 과정을 거칠 수 있을까요? 오프라인 강의의 경우 일단 콘셉트와 커리큘럼이 생각나면 그걸 바탕으로 상세 페이지를 먼저 제작하세요. 그리고 판매를 시작합니다. 주문이 들어오면 그때부터 반응을 보고 강의를 만들어나갑니다.

이렇게 말하면 "그거 사기 아닌가요?"라고 묻는 사람들도 있습니다. 하지만 인터넷 쇼핑몰은 상품을 항상 재고로 보관해두지 않습니다. 일단 주문이 들어오면 그때 도매에 주문하죠. 지식 창업도 마찬가지입니다. 3개월 뒤 강의해달라는 요청이 들어왔다면 아직 강의 내용을 준비하지 못했다고 거절할 건가요?

오프라인 강의는 MVP를 만들기가 쉽습니다. 당장 서비스를 제공하는 게 아니기 때문입니다. 팔리기 시작하면 그때 강의안을 만드세요. 판매를 시작했는데 반응이 없다면 뭔가 문제가 있는 거겠죠? 마케팅이 효과적이지 않거나 수요가 없다는 뜻일 테니 문제점을 찾아보세요.

온라인 강의에서 MVP와 PMF를 찾는 방법은 두 가지로 나뉩니다. 먼저 플랫폼에 얼리버드 할인 시스템이 있는 경우에는 별다른 걱정이 없습니다. 한편 크몽같이 직접 강의를 전송하는 플랫폼을 이용할 경우에는 짧은 영상을 먼저 저렴하게 팔아봅니다. 예를 들어 '유튜브 성장 공식'이라는 15만 원짜리 온라인 강의를 팔고 싶다면 전체 강의를 먼저 만들지 말고 목차 중 하나만 뽑아보세요. '유튜브 알고리즘 분석'이라는 세부 지식 콘텐츠 하나만 뽑아 1만 9,000원 정도짜리 영상을 제작해 판매하는 겁니다. 사람들이 내 정보를 좋아하는지 알아봐야 하니까요. 그리고 소비자와 소통하면서 어떤 내용을 더 원하는지, 무엇이 부족한지 등을 찾아내세요.

PDF 전자책도 마찬가지입니다. 만약에 50쪽 분량을 준비했다면 10쪽으로 줄여서 먼저 저렴하게 판매해보세요. 첫 판매에서 큰 수익을 낼 수 없다는 건 앞서 설명했죠? 어떤 시장이든지 처음 진입할 때는 돈 벌 생각보다는 소비자를 만난다는 데 의의를 둬야 합니다.

유튜브를 시작하려는 사람들에게 저는 일단 글부터 먼저 써보라고 합니다. 장비와 소품을 먼저 사지 말고 페이스북 그룹이나 네이버 카페 같은 관련 커뮤니티에 글을 작성해보고 조회수와 댓글 반응을 확인하는 거죠. 내가 진입하려는 분야의 카페를 먼저 들어가 인기글의 특징도 살펴보고요.

출판도 마찬가지입니다. 블로그나 브런치 같은 플랫폼에 책으로 출간하고 싶은 내용을 칼럼으로 하나 정도 써서 페이스북에 공유해보면 감이 올 겁니다. 성공 가능성이 낮은 일에 시간과 비용을 모두 투자하지 마세요. 뭐든 실패해도 괜찮은 상황에서 시작하는 겁니다.

성과는
순차적으로 일어난다

나는 왜 바쁘기만 하고 성과는 없을까?

저는 하고 싶은 게 많습니다. 문제는 그게 동시에 생긴다는 거예요. 뭐 하나를 끈덕지게 못합니다. 블로그를 열심히 하고 있으면 유튜브를 하고 싶고 유튜브를 하고 있으면 책을 쓰고 싶고 그런 거죠. 제 20대는 거의 그런 경험들로 가득했습니다. 바쁘기만 하고 큰 성과는 없었습니다.

그러다 어느 날 《원씽》이라는 책에서 '도미노 효과'를 읽고 큰 감동을 받았습니다. 도미노 하나는 자기보다 1.5배 큰 도미노를 쓰러뜨릴 힘이 있다고 합니다. 예를 들어서 5센티미터 크기의 도미노는 7.5센티미터짜리 도미노를, 7.5센티미터 크기의 도미노는 11.25센티미터짜리 도미노를 쓰러뜨릴 수 있죠. 이렇게 계산해보면 57번째 도미노는 지구에서 달까지 도달할 만큼의 크기가 된다고 합니다. 그 거대한 도미노를 쓰러뜨리려면 맨 앞에 놓인 5센티미터짜리 도미노만 쓰러뜨리면 되는 거죠.

이 도미노 효과의 핵심은 성공은 동시다발적이 아니라 순차적으로 일어난다는 겁니다. 그 도미노 효과를 월급 외 수익 만들기와 연관 지어 설명해볼게요.

허대리가 세운 도미노

저는 유튜브에 월급 외 수익 만들기 노하우를 올리면서 1번 도미노를 세웠습니다. 그리고 유튜브에서 분량 때문에 담지 못하는 내용을 PDF 전자책으로 만들면서 2번 도미노를 세웠죠.

2번 도미노를 세우는 일은 1번 도미노를 세우는 것보다 어렵지 않았습니다. 1번 도미노를 세울 때 월급 외 수익 만들기에 대해 심도 있게 공부하면서 노하우가 많이 생겼거든요.

PDF 전자책을 별도로 홍보하지는 않았습니다. 유튜브에 PDF

전자책 구매 링크를 넣었고 유튜브 영상이 잘되면 잘될수록 PDF 전자책도 잘 팔렸죠. 2번 도미노를 쓰러뜨리려면 1번 도미노만 쓰러뜨리면 되는 것처럼요.

이어서 3번 도미노를 세웠습니다. 바로 일대일 컨설팅이었죠. 제 영상이나 책을 보고 직접 만나서 상담을 받고 싶어 하는 사람들이 존재했거든요. 그래서 시간당 10만~15만 원 정도를 받고 컨설팅을 해줬습니다. PDF 전자책과 마찬가지로 일대일 컨설팅을 특별히 홍보한 적은 없었습니다. 그저 PDF 전자책 구매 페이지에 옵션을 넣어뒀을 뿐이었습니다.

1번 도미노인 유튜브의 반응이 좋아질수록 3번 도미노인 일대일 컨설팅도 불티나게 팔리기 시작했습니다. 나중에는 수요가 너무 많아 대기 인원까지 발생하는 사태가 생겼습니다.

4번 도미노는 출판이었습니다. 유튜브 채널을 운영하며 열 곳이 넘는 출판사에서 출간 제안이 왔습니다. 지금 이 책이 첫 번째로 계약한 출판사의 책이겠죠? 저는 따로 원고를 투고한 적이 없었는데 1번 도미노인 유튜브를 쓰러뜨리자 연이어 발생한 결과였습니다.

그 뒤로 온라인 강의 제안도 받고 유료 스터디 모임 제안도 받으면서 5번, 6번 도미노를 쓰러뜨리고 있습니다. 지금부터 이 도미노 세우기를 3단계로 나눠서 좀 더 구체적으로 알아볼게요.

1. 1번 도미노 세우기

1번 도미노를 세운다는 건 어떤 주제를 어떤 형식으로 담을지를 결정하는 걸 뜻합니다. 저는 월급 외 수익 만들기라는 주제를 유튜브라는 형식에 담아냈죠. 주제를 선정하는 방법은 앞서 설명했고 형식은 파이프라인 만들기를 떠올리면 됩니다.

1번 도미노를 세울 때 가장 주의할 점은 너무 신중을 기하지 않는 겁니다. 1번 도미노를 세웠다가 마음에 들지 않으면 다른 도미노를 세워도 됩니다. 저 역시 월급 외 수익 만들기로 지식 창업을 하기 전에 PPT로 카드뉴스 만들기라는 도미노를 세웠습니다. 오프라인 강의도 몇 번 했고 SNS 채널도 개설해봤죠. 그런데 몇 개월 하다 보니 저와 맞지 않는다는 생각이 들었습니다. 그래서 과감히 접고 다른 주제를 찾았습니다.

1번 도미노를 한 번에 세우는 일은 흔한 일이 아닙니다. 그러니까 첫 번째 도미노가 자꾸 넘어진다고 좌절하지 마세요.

2. 1번 도미노 쓰러뜨릴 힘 기르기

2번 도미노를 세우기 전에 해야 할 일은 1번 도미노를 쓰러뜨릴 힘을 기르는 겁니다. 여기서 힘을 기른다는 말은 유의미한 성과를 내는 걸 의미합니다. 수익이 50만 원 정도 발생했다거나 유튜브 구독자가 1,000명이 됐거나요.

대부분 이 단계에서 포기합니다. 당연합니다. 0에서 1을 만드는 과정이니까요. 이 과정을 쉽게 가는 방법은 없습니다. 꾸준히 배우고 만들고 평가받아야 합니다.

한 번 유의미한 성과를 내보면 성취하는 방법을 체득할 수 있습니다. 그러면 다른 주제의 1번 도미노를 다시 금방 세울 수 있는 능력이 생깁니다.

3. 2번 도미노를 세우고 접점 만들기

1번 도미노를 세우고 쓰러뜨릴 힘까지 만들었다면 이제 2번 도미노를 세울 차례입니다. 2번 도미노를 선택할 때는 1번 도미노와 접점이 존재하는가가 중요합니다. 1번 도미노가 2번 도미노를 쳐서 쓰러뜨려야 하는데 둘 사이의 접점이 멀면 영향을 미치지 못할 테니까요. 저도 유튜브는 유튜브대로, 전자책은 전자책대로 따로 마케팅해야 했으면 아마 지속하기 어려웠을 겁니다.

2번 도미노를 세우는 일은 1번 도미노를 세우는 것보다 쉬워야 합니다. 1번 도미노를 세울 때만큼 시간, 비용, 에너지가 든다면 1번 도미노 옆에 다시 1번 도미노를 세우고 있는 걸 수도 있습니다. 1번 도미노에 살을 붙이는 중이냐, 아니면 뼈대부터 다시 만들고 있느냐를 기준으로 생각하면 조금 더 이해가 수월할 겁니다.

자, 이제 2번 도미노까지 세웠고 1번 도미노를 쓰러뜨릴 힘도 길렀죠? 이제 1번 도미노를 툭 쳐봅시다. 2번 도미노까지 쓰러질 겁니다.

쿠키 청년의 도미노 연결 사례

이제 가상의 사례를 들어 도미노가 어떻게 세워지고 쓰러지는지 알아보겠습니다. 여기 쿠키를 좋아하는 청년이 있습니다. 쿠키 청년이라고 부를게요.

평범한 직장인이었던 쿠키 청년은 쿠키를 정말 많이 먹어봤고 레시피도 다양하게 가지고 있었습니다. 친구들도 그 청년의 쿠키가 맛있다고 칭찬해줬어요. 취미로 쿠키 맛집을 찾아다니기도 했죠. 쿠키를 정말 좋아하니까 가능한 일이었죠.

쿠키 청년은 블로그에 자신만의 쿠키 레시피를 올리기 시작했습니다. 그렇게 꾸준히 올리다 보니 입소문을 타서 일 방문자 1,000명을 기록했죠. 그렇게 1번 도미노가 세워졌습니다.

매일 쏟아지는 칭찬 댓글에 쿠키 청년은 자신감을 얻었습니다. 그래서 집 앞에 작은 쿠키 가게를 열었습니다. 블로그 방문자들은 자연스럽게 그 쿠키 가게로 모였죠. 그렇게 2번 도미노가 세워졌습니다.

그런데 블로그 방문자 중 지방에 사는 사람도 많았습니다. 그래서 사람들은 쿠키를 택배로 배송해줄 수 있는지 물어봤습니다. 쿠키 청년은 혼자서는 전부 포장하기 힘드니 세 박스 이상만 주문이 가능하게 해서 온라인 쇼핑몰을 만들었어요. 그렇게 3번 도미노가 세워졌습니다.

그런데 쿠키 장사를 하다 보니 점심과 저녁 사이, 세 시에서 다섯 시까지 매장에 손님이 너무 뜸한 거예요. 그래서 그 시간 동안 브레이크 타임으로 가게를 닫아두고 쿠키 만들기 원데이 클래스를 열었습니다. 이미 쿠키에 대한 지식은 빠삭했기 때문에 전혀 어렵지 않았죠. 그렇게 4번 도미노가 세워졌습니다.

쿠키 만들기 원데이 클래스도 인기를 끌자 클래스101에서 온라인 강의를 하자고 연락이 왔어요. 그렇게 5번 도미노가 세워지고 대형 출판사에서 쿠키 만들기 책을 출판하자고 연락이 왔어요. 6번 도미노가 세워집니다.

그렇게 1년 넘게 쿠키를 연구하고 사람들을 가르치다 보니 쿠키를 빠르고 쉽고 맛있게 만드는 기술이 생겼어요. 그래서 간단하게 자기와 똑같은 쿠키 맛을 내도록 사람들을 가르칠 방법을 알아냈죠. 자기 복제가 가능해진 겁니다! 그래서 자신에게 쿠키 만들기를 배웠던 클래스 수강생들에게 2호점을 차려볼 생각이 없느냐며 문자를 보냅니다. 그렇게 프랜차이즈 사업을 시작하게 됩니다. 7번 도미노가 세워졌습니다. 쿠키 블로그라는 1번 도미노가 쿠키 프랜차이즈 사업이라는 거대한 도미노를 만든 거죠.

CHAPTER

24

시간이 아니라
에너지를 관리하라

정말 시간이 없는 걸까?

직장에 다니면서 N잡을 하는 건 꽤나 힘든 일입니다. 저 또한
회사 생활과 유튜브를 병행할 때 하루가 어떻게 지나가는지 모
를 정도로 바빴거든요. 그래서 N잡은 잠을 줄여야 가능한 일이
라고 이야기하는 사람들이 많습니다.

그런데 솔직히 이야기해봅시다. 정말 시간이 없는 걸까요? 하
루에 한 시간도, 아니 30분도 빈틈없이 바쁜가요? 아마 그건 아
닐 겁니다. 그런 하루도 있긴 하지만 매일 그렇지는 않죠.

잘 생각해보면 우리는 시간이 없는 게 아니라 에너지가 없는 겁니다. 정작 시간이 생겨도 내가 목표한 일을 해낼 수 있는 에너지가 없어서 못한다는 뜻입니다. 만약 시간이 없다는 말을 달고 살고 있다면 지금 중요하지 않은 일에 너무 많은 에너지를 쏟고 있다는 증거입니다.

나의 양동이를 키우자

아침에 일어날 때 우리는 에너지를 가득 채운 채 하루를 시작합니다. 그리고 회사라는 양동이에 내가 가진 에너지를 쏟아부어요. 회의도 하고 미팅도 하고 메일도 보내고 그러면서 말이죠. 그리고 집으로 돌아오죠.

그렇게 회사 양동이에 수년간 에너지를 붓다 보면 내 양동이를 갖고 싶다는 생각이 듭니다. 나만의 일을 하고 싶은 거죠. 실제로 내 양동이를 만들기도 합니다.

그리고 다음 날 우리는 다시 회사에 출근해 양동이를 채웁니다. 안타깝게도 집에 돌아와 내 양동이를 채우려고 하지만 에너지가 없습니다. 그럼 어떻게 내 양동이를 채울 수 있을까요? 방법은 간단합니다.

그림9. 내 양동이 채우기

이렇게 회사 양동이와 내 양동이 사이에 파이프를 하나 연결
해보세요. 회사 양동이에 에너지를 부으면 부을수록 내 양동이
에도 똑같이 차오르겠죠? 그럼 회사의 양동이에 에너지를 붓는
게 아깝지 않고 에너지를 빼앗기는 느낌도 들지 않을 겁니다.

예를 들어볼게요. 저는 회사에서 콘텐츠 마케터로 일했습니다. 그래서 제 에너지의 대부분은 회사에서 콘텐츠를 잘 만드는데 소진했죠. 카피를 잘 쓰는 방법을 연구하거나 사람들이 좋아할 만한 콘텐츠를 찾거나 매력적인 광고 이미지를 만들기 위해 에너지를 사용했습니다.

그래서 저는 제 양동이를 유튜브 채널을 운영하는 걸로 만들었습니다. 회사에서 콘텐츠에 대해 연구하면 할수록 제 유튜브 채널을 성장시키는 노하우도 같이 알 수 있었죠. 두 양동이가 동시에 채워졌다는 뜻입니다. 파이프를 연결한다는 말은 이렇게 회사 일과 내 일 사이에 접점을 만드는 겁니다.

또 다른 예를 들어볼게요. 서비스 기획자인 회사원 N이 있습니다. 기획 업무를 하다 보니까 사람들에게 문서로 설명할 일이 자주 있었어요. 그래서 자연스럽게 문서를 깔끔하게 만드는 스킬이 생겼죠.

N은 그 스킬을 정리해 '문서 깔끔하게 정리하는 방법'이라는 강의를 열었습니다. 문서 정리 전문가라는 N의 양동이를 만든 거죠. 이제 N은 회사에서 하는 커뮤니케이션 업무에 더 열정을 갖게 됐습니다. 이렇게 파이프를 연결하면 본업을 더 잘할 수 있을 뿐만 아니라 열의까지 띄게 됩니다.

지식 창업으로 N잡을 한다고 이야기하면 회사 일에 소홀히

하는 거 아니냐는 오해를 종종 받는데요. 회사 양동이를 채우는 게 곧 내 양동이가 채워지는 일이 되면 대충 일할 수가 없습니다. 저 또한 누구보다 콘텐츠에 대한 연구를 많이 했고 할 수 밖에 없게 됐습니다. 내 양동이의 물이 차오르는 게 보였으니까요(부끄럽지만 회사에서 상도 받았습니다).

회사 양동이와 내 양동이의 접점을 찾을 수 없는 일을 하는 경우도 있을 겁니다. 이럴 때는 어떻게든 에너지를 동시에 활용할 수 있는 접점을 만들어야 합니다. 주요 업무가 아니더라도요.

가령 회사에서 하루에 한 번 회의를 한다고 치면 회의 잘하는 방법을 연구해서 그걸 강의로 만들면 됩니다. 회사에서 매주 한 번 뭔가 발표를 한다면 그 노하우로 발표 잘하는 방법에 대해 PDF 전자책을 쓰면 됩니다. 엑셀을 자주 쓴다면 엑셀 사용법을 더 연구해 강의해보는 거죠.

그래도 회사에서는 도저히 접점을 찾을 수 없다면 여가 시간에서 찾아보세요. 운동을 좋아하면 운동에 관한 양동이를 만들고 사진을 좋아한다면 사진 양동이를 만들면 됩니다.

저는 이걸 리소스(자원) 관리라고 부릅니다. 하루에 뭔가를 더 많이 하기 위해 시간을 쪼개는 것보다 한정된 시간을 효율적으로 사용하는 게 여유 시간을 확보하는 더 좋은 방법입니다.

에너지의 총량을 늘려라

누구나 에너지를 채우며 하루를 시작하지만 그 양이 모두 같진 않습니다. 이와 관련해 드라마 〈미생〉에서 나온 유명한 대사가 있죠.

"네가 이루고 싶은 게 있다면 먼저 체력부터 길러라"

파이프라인을 구축하려면 공부를 많이 해야 합니다. 그리고 그 에너지는 다 체력에서 나옵니다. 체력이 없으면 힘들어서 빨리 포기하게 되죠. 아무리 효율적으로 에너지를 관리한다고 해도 양 자체가 적으면 한계가 있습니다. 그래서 저도 매일 운동을 해서 에너지의 총량을 늘리려고 애를 씁니다.

매일까지는 아니더라도 주 2~3회, 30분씩 꾸준히 운동을 하는 걸로도 충분히 달라질 수 있습니다. 갑자기 체력을 늘리려고 너무 무리하지 마세요. 천천히, 꾸준하게 운동하면 됩니다. 파이프라인을 구축하는 일은 3개월 하고 그만둘 일이 아닙니다. 지치지 않고 계속하는 게 중요합니다.

그림10. 에너지 총량 늘리기

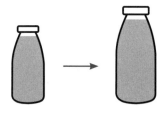

에너지를 흘리지 말자

에너지를 효율적으로 사용하려면 힘들게 확보한 소중한 에너지를 아무데나 흘려선 안 됩니다. 특히 불필요한 의사결정에 시달리지 말아야 합니다. 예컨대 상대방을 지나치게 배려하는 의사소통을 한다든지 과도한 책임감 가지기, 선택 미루기, 쓸데없는 인간관계 지속하기 같은 일에 에너지를 뺏기지 마세요. 그러다 보면 정작 중요한 일에 에너지를 쓰지 못합니다.

저는 사람을 많이 만나지 않습니다. 내향적인 성격이라 그런 것도 있지만 사람을 많이 만나면 에너지가 너무 많이 소진돼서 그렇기도 합니다. 사람을 적게 만난다고 모든 인간관계가 무너지진 않아요. 일적인 인간관계는 실력을 갖추면 알아서 따라옵니다. 정서적인 관계 역시 나를 진심으로 아끼는 사람만 만나도 충

그림11. 허대리가 실제로 작성한 에너지 점검표

날짜 시간	2019.05.17 (금)	2019.05.20 (월)	2019.05.21 (화)	2019.05.22 (수)	2019.05.23
07:30~08:00	강의 자료				
08:00~08:30	샤워	큐티	큐티		
08:30~09:00	식사	샤워	샤워	샤워	
09:00~09:30	식사	샤워	샤워	큐티	큐티
09:30~10:00	강의 자료	식사	식사	큐티	외주
10:00~10:30	외주	식사	유튜브	레슨	외주
10:30~11:00	외주	외주	유튜브	레슨	외주
11:00~11:30	외출	외주	유튜브	레슨	외주
11:30~12:00	외출	외주	휴식	식사	연구
12:00~12:30	외출	외주	유튜브	식사	식사
12:30~13:00	외출	식사	유튜브	식사	식사
13:00~13:30	외출	외주	식사	외주	식사
13:30~14:00	외출	외주	식사	외주	식사
14:00~14:30	외출	유튜브	유튜브	외주	교회 영상
14:30~15:00	외출	유튜브	유튜브	휴식	교회 영상
15:00~15:30	외출	유튜브	유튜브	휴식	교회 영상
15:30~16:00	외출	유튜브	전화	외주	교회 영상
16:00~16:30	외출	휴식	유튜브	외주	휴식
16:30~17:00	외출	외출	유튜브	외주	휴식
17:00~17:30	외출	외출	이모티콘	외주	연구
17:30~18:00	외출	외출	외출	외주	연구
18:00~18:30	외출	외출	외출	외출	연구
18:30~19:00	외출	외출	외출	외출	연구
19:00~19:30	외출	외출	외출	외출	집안일
19:30~20:00	외출	외출	외출	외출	집안일
20:00~20:30	외출	외출	샤워	외출	연구
20:30~21:00	외출	외출	유튜브	외출	연구
21:00~21:30	외출	외출	유튜브	외출	연구
21:30~22:00	외출	외출	유튜브	외출	연구
22:00~22:30	외출	외출	유튜브	연구	
22:30~23:00	외출	외출	유튜브	연구	
23:00~23:30			연구		
23:30~24:00					
업무시간	2	5	8.5	5	6.5

5.24 (금)	2019.05.27 (월)	2019.05.28 (화)	2019.05.29 (수)	2019.05.30 (목)	2019.05.31 (금)
큐티	샤워	샤워			
샤워	큐티	큐티	샤워	샤워	샤워
영상	식사	전자책 작성	큐티	큐티	큐티
영상	식사	전자책 작성	식사	식사	식사
연구	전자책 작성	식사	기타연습	미팅	식사
연구	전자책 작성	식사	이동	미팅	외주
연구	전자책 작성	식사	기타레슨	외주	전자책 작성
연구	전자책 작성	전자책 작성	기타레슨	외주	전자책 작성
연구	휴식	전자책 작성	기타레슨	외주	전자책 작성
연구	전자책 작성	전자책 작성	기타레슨	외주	휴식
식사	전자책 작성	휴식	이동	식사	식사
식사	전자책 작성	전자책 작성	식사	식사	식사
식사	기타연습	전자책 작성	식사	외주	전자책 작성
식사	식사	전자책 작성	휴식	외주	전자책 작성
튜브	식사	휴식	전자책 작성	휴식	전자책 작성
튜브	이동	전자책 작성	전자책 작성	외주	휴식
튜브	전자책 작성	전자책 작성	전자책 작성	외주	집안일
튜브	전자책 작성	이동	전자책 작성	외주	이동
게임	전자책 작성	이모티콘	휴식	휴식	전자책 작성
게임	전자책 작성	이모티콘	전자책 작성	전자책 작성	전자책 작성
연구	식사	이모티콘	전자책 작성	전자책 작성	전자책 작성
연구	식사	이동	식사	식사	이동
연구	전자책 작성	식사	식사	식사	전자책 작성
연구	전자책 작성	식사	식사	식사	전자책 작성
게임	전자책 작성	전자책 작성	전자책 작성	식사	전자책 작성
게임	전자책 작성	전자책 작성	전자책 작성	이모티콘	휴식
게임	이동	전자책 작성	전자책 작성	전자책 작성	샤워
게임	이동	이동	전자책 작성	샤워	
	샤워	샤워	전자책 작성	전자책 작성	
	휴식	독서	전자책 작성	전자책 작성	
	독서		전자책 작성	독서	
			전자책 작성		
7	6.5	8	7	7.5	6.5

분히 행복할 수 있습니다.

만약 어디서 에너지가 새고 있는지 모르겠다면 내 하루를 30분 단위로 기록해보는 것도 좋습니다. 저는 그림11처럼 30분 단위의 엑셀 시트를 만들어서 3개월간 하루를 체크했습니다. 그 결과 게임을 하는 데 꽤 많은 시간을 쓰고 있다는 걸 깨달았죠. 그저 가볍게 하루에 한 시간 정도 했지만 한 달간 기록해보니 꽤 긴 시간을 투자했더군요.

눈 딱 감고 휴가를 반납하자

그럼에도 불구하고 직장인에게는 물리적으로 시간이 부족합니다. 출퇴근 시간과 식사 시간을 모두 제외하면 출근하는 평일에는 두 시간 정도를 온전히 쓸 수 있는 게 현실이죠. 그래서 휴가, 공휴일, 주말을 활용해야 합니다.

지식 창업에 쉬는 날을 하루 종일 반납할 필요도 없습니다. 빨간 날에는 오전 네 시간, 평일에는 두 시간 정도 꾸준히 한 달만 파이프라인을 구축하는 데 사용해보세요. 점점 이 일에 익숙해질 거예요.

쉬는 날 온종일 모든 시간을 다 월급 외 수익 만들기에 쏟아버리면 번아웃이 올 수 있습니다. 휴일에는 반드시 쉬어야 합니다. 대신 지치지 않을 정도의 시간을 파이프라인을 구축하는 데 투자해보세요. 이렇게 3개월만 지속해도 큰 무리 없이 꽤 많은 성과를 획득할 수 있습니다.

성장의 무기가 되는 독서법

지금 읽고 있는 책이 당신을 설명한다

책 좋아하나요? 지금 책을 읽고 있으니 싫어하진 않겠군요! 저는 책을 정말 좋아해요. 책이 인생을 바꿨다고 해도 과언이 아닙니다. 제가 유튜브에서 소개하는 이야기나 비즈니스에 사용하는 전략은 대부분 책에서 얻었습니다. 문제에 부딪힐 때면 언제나 책에서 힌트를 찾죠.

저는 책을 크게 두 가지로 나누곤 합니다. 첫 번째는 살아가는 데 유용한 책이고 두 번째는 먹고사는 데 도움이 되는 책이죠. 물론 한 책이 딱 한 가지 유용성만 주는 건 아니지만 보통 그렇게 분류해서 읽습니다. 살아가는 데 도움 된다고 보는 책은 인문이나 종교 분야 책이 대부분입니다. 일하느라 지치지 않게 만드는 책이죠. 한편 먹고사는 데 도움이 되는 책은 보통 마케팅, 경영 분야 책입니다.

저는 책을 도구로 읽습니다. 공구함에서 도구를 꺼내듯이 그때그때 필요한 책을 읽습니다. 그렇게 책을 꾸준히 읽다 보면 책 속의 문장이나 지식들이 내 안에 남아 필요한 순간에 발휘되곤 합니다.

책 읽는 습관을 만드는 세 가지 방법

"저는 책만 펴면 잠이 쏟아져요", "책 한 권을 읽는 데 너무 오래 걸려요"라는 말을 많이 듣습니다. 저 또한 스물다섯 살 전까지 1년 독서량이 세 권이 채 되지 않았습니다. 하지만 지금은 한 달에 약 열 권 정도 책을 읽을 만큼 습관을 길렀습니다.

어떻게 했냐고요? 우선 책을 자주 읽으려면 자주 집어들 수 있어야 합니다. 《해빗》이라는 책에서는 "습관을 얻으려면 행동의 마찰력을 줄여라"라고 합니다. 이처럼 독서라는 행위를 가로 막는 마찰력을 줄여나가는 게 독서 습관을 만드는 핵심 비결입니다. 세 가지 방법을 구체적으로 소개할게요.

1. 완독하지 않는다

책을 읽는 이유가 뭘까요? 즐거움도 있겠지만 지식을 사유하고 삶에 적용하기 위해서가 큽니다. 그런데 필요한 지식을 얻기 위해 책을 꼭 완독해야 할까요?

물론 완독이 나쁘다는 이야기도 아니고 완독을 하지 말라는 이야기도 아닙니다. 할 수 있으면 하세요. 하지만 책을 끝까지 다 읽어야 한다는 강박이 오히려 책과 멀어지게 만듭니다.

처음부터 끝까지 술술 잘 읽히는 책은 사실 별로 없습니다. 어느 책이든 완독하려면 의지가 필요해요. 그런데 인내심을 가지고 읽어야 한다는 인식이 처음부터 머릿속에 자리 잡히면 독서라는 행위 자체가 부담으로 느껴질 수 있습니다. 반면 책을 가볍게 훑어봐도 괜찮다는 인식을 심어준다면 큰 부담이 되지 않겠죠? 이처럼 완독을 해야 한다는 강박에서 벗어났으면 합니다.

책을 끝까지 다 읽지 않으면 돈이 아깝다고 생각하는 사람도 있을 겁니다. 하지만 본전을 뽑으려고 우리가 책을 읽는 게 아닙니다. 삶을 변화시키려는 거죠. 샀는데 안 읽고 책장에 꽂아둔 책을 보면서 미안해하지 말고, 책을 읽었음에도 그걸 내 인생에 적용하지 않았다는 사실에 미안해합시다.

책을 읽을 때는 흥미로운 대목, 잘 읽히는 부분만 먼저 보세요. 더 읽고 싶다는 마음이 들면 그때 처음부터 읽으면 됩니다. 내가 산 모든 책이 완독할 만한 가치가 늘 있는 건 아닙니다. 저는 이걸 뷔페식 독서라고 부릅니다. 한 입씩 여러 음식을 먹어보고 맛있는 음식을 집중 공략 하는 거죠.

실제로 저 역시 한 달에 완독하는 책은 열 권 중 한 권 정도밖에 되지 않습니다. 완독률이 10퍼센트인 거죠. 책을 읽은 뒤 누군가한테 이 책을 1분 정도 설명할 수 있다면, 인상 깊었던 문장을 기억할 수 있다면 책값은 다한 겁니다.

《두려움이 인생을 결정짓게 하지 마라》,《지금의 조건에서 시작하는 힘》,《지금 하지 않으면 언제 하겠는가》와 같은 책은 심지어 구입하고 한동안 한 쪽도 읽지 않았습니다. 하지만 제목을 읽는 것만으로도 삶에 영향을 받았습니다. 책을 다 읽고 내용을 기억하는 것만이 독서는 아닙니다. 제목, 표지를 보고 설레는 일 모든 게 독서입니다.

2. 어디서든 볼 수 있게

책을 둔 장소에 따라 독서 습관을 만들기 더 수월해질 수 있습니다. 저는 잘 읽지 않는 책들을 책장에 꽂아두는 편입니다.

반면 관심 있는 책들은 눈에 잘 보이는 곳 여기저기 꺼내놓습니다. 제목이라도 한 번 볼 수 있도록 말이죠. 그래서 제 동선에는 항상 책이 있습니다.

샤워할 때는 책을 소개하는 유튜버의 영상을 틀어놓고, 걸을 때는 전자책 앱으로 책을 듣습니다. 누군가를 기다릴 때도 틈틈이 책을 읽곤 합니다. 책을 펴는 어디든 도서관이 됩니다. 너무 각 잡고 독서하려고 하지 마세요. 살다 보면 각이 안 나오는 날이 더 많으니까요.

3. 많이 산다

책을 많이 읽고 싶으면 책이 많아야 합니다. 그러려면 당연히 책을 많이 사야겠죠. 중고 서점에서 책을 구입하거나 도서관에서 빌리기도 하지만 저는 대부분 온라인 서점에서 새 책을 구입합니다.

사실 새 책을 구매하는 것도 독서 습관의 마찰력을 줄이기 위한 행동 중 하나입니다. 직접 도서관이나 서점을 방문해 책을 찾고 발품을 팔다 보면 책을 사는 게 귀찮아질 테니까요. 심지어 결제도 빠르게 할 수 있도록 네이버페이를 연결시켜 마음에 드는 책은 1분 안에 구매를 완료합니다.

돈이 아깝다고 느끼는 사람도 있겠지만 결국 사람은 마음 가는 곳에 돈을 씁니다. 제 고등학교 담임 선생님은 "1만 원으로 할 수 있는 가장 가치 있는 일은 바로 책을 사는 일이다"라고 말씀하셨어요.

책을 잘 고르는 방법

어떻게 하면 좋은 책을 고를 수 있을까요? 유튜브에서 어떤 책을 추천했는데, 한 구독자는 '정말 실망스러웠던 책'이라고 평가하고 다른 구독자는 '인생 책'이라며 자신의 블로그에 책 리뷰까지 정성스럽게 올린 걸 종종 봅니다. 이렇게 책에 대한 생각은 지극히 주관적입니다. 다수에게 좋은 평가를 받는 책도 물론 있지만요.

세상에 객관적으로 좋은 책은 없습니다. 자신에게 좋은 책만 있을 뿐입니다. 자신에게 좋은 책이란 자신에게 도움이 되는 책이라고도 할 수 있습니다. 그럼 자기에게 좋은 책을 어떻게 발견할 수 있을까요? 자신의 욕망에 집중하면 됩니다.

심리학 용어 중 '확증 편향'이라는 게 있습니다. 사람은 보고 싶은 것만 보고 듣고 싶은 것만 본다는 거죠. 내가 오늘 줄무늬 티셔츠를 입었으면 길거리에 줄무늬 티셔츠 입은 사람만 보이는 것처럼요. 이 확증 편향을 역이용하는 겁니다.

저는 늘 어떻게 해야 좋은 콘텐츠를 만들고 마케팅을 잘할 수 있을지 늘 고민합니다. 이게 제가 해결하고 싶은 문제인 겁니다. 그리고 해답이 될 것 같은 책을 서점에서 스캔합니다. 그러다 왠지 해답의 문처럼 생긴 책을 찾으면 바로 집어듭니다. 목차를 읽고 필요한 부분만 읽어가다 문을 발견합니다. 그럴 때 환호성을 지르며 그 문을 열고 안으로 한 발짝 들어갑니다.

한 가지 팁이 더 있다면, 저는 주로 작가와 출판사를 중심으로 책을 찾는 편입니다. 믿고 보는 작가, 믿고 보는 출판사가 있는 거죠. 이렇게 마음에 드는 책을 하나 발견했으면 그 작가가 낸 다른 책이나 그 작가에게 영향을 준 작가의 책까지 찾아보는 게 좋습니다.

예를 들어 저는 최윤섭 작가의 《그렇게 나는 스스로 기업이 되었다》를 재밌게 읽었습니다. 그래서 그 책에서 언급된 《나는 4시간만 일한다》를 읽었습니다. 그렇게 팀 페리스라는 작가를 좋아하게 됐고 그의 모든 서적을 다 읽었습니다. 이런 식으로 자기만의 독서 지도를 만들어 나가면 자기에게 좋은 책을 발견할 수 있습니다.

책을 요점만 뽑아 빨리 독서하는 방법

저의 첫 직장은 책 광고 회사였습니다. 그래서 하루에 한 권 이상 책을 읽고 요약해서 글로 써야 했습니다. 그렇게 약 2년을 반복하다 보니 책의 중심 내용을 찾는 스킬이 생기더라고요. 한 번 공개해보겠습니다.

1. 문장이 아닌 문단을 읽어라

책은 문장의 나열이 아니라 문단의 나열입니다. 수십 개 문단이 조합돼 하나의 칼럼이 되고 그렇게 만들어진 칼럼이 다시 여러 개 모여서 하나의 챕터가 됩니다. 또 이러한 챕터가 여러 개 모여 한 권의 책이 되죠. 따라서 문장 하나하나를 꼼꼼하게 읽으면 책 읽는 속도가 더딜 수밖에 없습니다.

문단의 주제를 파악하면서 이 책이 어떤 이야기를 하고 있는지 추측하세요. 문단의 맨 처음 문장과 맨 마지막 문장을 먼저 읽으면 빠르게 알아차릴 수 있습니다. 그렇게 이번 챕터의 주장이 무엇인지 유추해나가면 됩니다.

2. 주장과 사례를 구분해서 읽는다

문단은 크게 주장과 사례로 구성됩니다. 보통 주장을 먼저 말하고 그 주장을 뒷받침하는 사례를 나열하죠. 특히 영어 번역서의 경우 연구 사례가 매우 많이 포함돼 있습니다. 아마 신뢰성을 중시하기 때문이기도 하고 연구원이나 교수들이 쓴 책들이 상대적으로 많기 때문이기도 합니다.

연구 사례가 많으면 많을수록 그 주장의 힘이 생기겠지만 독자가 그 모든 사례를 다 읽을 필요는 없습니다. 사례가 연이어 나오면 그 부분을 생략하고 읽어보세요.

3. 목차에서 많은 시간을 보내라

저는 책을 사기 전에 이런 과정을 거칩니다.

책 고르는 방법

1. 책 제목을 읽는다
2. 저자 약력을 본다
3. 목차를 읽는다
4. 흥미를 끌거나 도움이 될 것 같은 챕터로 이동한다
5. 문단을 훑는다
6. 훑다가 내용이 마음에 들면 다시 처음으로 돌아가 정독한다
7. 구매해 다른 챕터도 읽어본다
8. 다른 챕터의 내용도 마음에 들면 완독한다

이 과정에서 가장 중요하게 여기는 부분은 목차를 읽는 겁니다. 목차는 책의 네비게이션입니다. 내게 도움이 될 내용이 어디 있는지 알려주는 역할을 합니다. 그렇게 목차에서 도움 될 만한 부분을 찾으면 해당 챕터로 넘어갑니다. 사전을 찾듯이요. 이렇게 책을 읽다 보면 어떨 때는 목차만 봐도 무슨 이야기를 하는지 감이 올 때가 있습니다.

4. 요점을 뽑기 쉬운 만만한 책 고르기

책에도 레벨이 있습니다. 처음부터 난이도가 높은 책을 읽을 수 없습니다. 이제 막 인문학에 관심이 생겼다고 유발 하라리의 《사피엔스》를 정독하는 건 쉬운 일이 아니죠.

관심 있는 주제가 있다면 그 분야의 쉬운 책부터 정복하는 걸 추천합니다. 게임 캐릭터를 육성하는 것과 비슷합니다. 레벨이 낮을 때는 다람쥐나 토끼를 여러 번 잡아야 빠르게 성장합니다. 도깨비를 잡는다고 레벨이 확 오르지 않습니다. 고생만 하고 흥미도 잃어버릴 겁니다. 책의 마지막 장을 덮는 성취감을 여러 번 느껴보세요. 그러면 점점 더 어려운 책에 도전해 깊은 지식을 쌓을 수 있게 됩니다.

다른 분야의 책을 읽어라

독특한 인사이트는 어떻게 얻을 수 있을까요? 바로 다른 분야의 지식을 흡수하고 재창조하는 것에서 시작됩니다. 예컨대 저는 여러 창업과 직장 생활을 하며 온라인 마케팅 경험을 축적해왔습니다. 그러면서 SNS 채널을 운영하는 게 식당 장사와 굉장히 유사한 부분이 많다는 생각이 들었습니다. 유튜버는 식당 주인이고 채널은 식당, 콘텐츠는 음식이 되는 거죠.

그래서 유튜브 성장에 관한 인사이트도 식당을 운영하는 방법을 알려주는 책에서 발굴할 수 있을 거라 생각했습니다. 그래서 1타 강사를 찾아갔어요. 바로 백종원이요!《백종원의 장사이야기》,《백종원의 골목식당》같은 책을 읽으며 저만의 인사이트를 축적한 거죠.

이렇게 평소에는 잘 읽지 않았던 분야의 책에 도전하며 나의 지식을 넓혀가세요. 아무도 따라 오지 못할 독특한 통찰력이 생길 겁니다. 누가 알았겠어요? 허대리의 유튜브 스승이 백종원이라는 사실을.

시작하지 않으면
아무것도 변하지 않습니다

컨설팅을 하다 보면 의외의 사실들을 마주합니다. 대부분 돈 버는 정보를 몰라서 실행을 못 하는 게 아니라, 자기 자신을 못 믿거나 성취의 경험이 없다 보니 두려워서 실행을 못 하는 경우가 많았습니다. 이미 충분한 정보를 알고 있음에도 말이죠.

저 또한 실행이 쉽지 않았습니다. 과거의 실패, 주변의 평가, 자라온 환경 등에서 자유로울 수 없기에 매일 게으름, 두려움, 불안, 조급함과 같은 부정적인 생각들과 싸우고 있습니다.

저도 6개월 이상 실행도 못하고 머릿속에 담아두는 아이디어가 허다합니다. 그렇게 거의 100번을 고민하다가 101번째 실행을 하죠. 그런데 101번째 실행을 하고 나니까 사람들이 저더러 이런 말을 하더라고요.

"실행력이 참 좋으시네요."

네, 제가 100번 고민했다는 사실을 아무도 몰랐던 거죠. 그 뒤로 실행을 못하고 있는 나를 답답하게 여기지 않기 시작했고, 100번 고민하고 101번째 실행하곤 했습니다.

이 이야기를 소개하는 이유는 이 책을 쓴 저마저도 실행에 대한 두려움이 있다는 걸 알려드리고 싶어서입니다. 실행을 못한다고 자기 자신을 재촉하거나 비난하지 마세요. 나는 내게 돈을 벌어다줄 유일한 무기니까요. 자신을 믿고 여유를 주면서 열심히 고민하세요. 대신 그 고민을 고민으로만 남겨두면 안 됩니다. 오래 걸려도 좋으니 어쨌든 기어코 실행을 하세요. 101번째, 201번째라도 좋으니까 말이에요.

마지막으로 감사의 인사를 올리며 마무리하려 합니다. 이 책이 나오기까지 응원해주신 가족과 친구들, 월급 독립 스쿨 카페 회원분들, 유튜브 구독자 여러분, 내일을 여는 교회 공동체 식구들에게 감사의 인사를 드립니다.

추천 도서 목록

부의 마인드 세팅을 위한 책

《백만장자 시크릿》하브 에커, 알에이치코리아, 2008

《부의 추월차선》엠제이 드마코, 토트, 2013

《언스크립티드》엠제이 드마코, 토트, 2018

《나는 4시간만 일한다》팀 페리스, 다른상상, 2017

《부자 아빠 가난한 아빠》로버트 기요사키, 민음인, 2018

마케팅 공부를 위한 책

《마케팅이다》세스 고딘, 쌤앤파커스, 2019

《컨테이저스 전략적 입소문》조나 버거, 문학동네, 2013

《마케팅 불변의 법칙》알리스 · 잭트라우트, 비즈니스맵, 2008

《1분 전달력》이토 요이치, 움직이는 서재, 2018

《제안서의 정석》박신영 · 최미라, 세종서적, 2018

《마케터의 문장》가나가와 아키노리, 인플루엔셜, 2020

《지적자본론》마스다 무네아키, 민음사, 2015

《창작의 블랙홀을 건너는 크리에이터를 위한 안내서》라이언 홀리데이, 흐름출판, 2019

《유튜브 시크릿》션 커넬·벤지 트래비스, 더봄, 2019

《진화된 마케팅 그로스해킹》션 엘리스·모건 브라운, 골든어페어, 2017

비즈니스 지식을 쌓기 위한 책

《백만장자 메신저》브렌든 버처드, 리더스북, 2018

《콘텐츠로 창업하라》조 풀리지, 세종서적, 2017

《제로창업》요시에 마사루·기타노 데쓰마사, 이노다임북스, 2015

《그렇게 나는 스스로 기업이 되었다》최윤섭, 클라우드나인, 2017

《미치지 않고서야》미노와 고스케, 21세기북스, 2019

《권도균의 스타트업 경영 수업》권도균, 위즈덤하우스, 2015

《이것은 사업을 위한 최소한의 지식이다》야마다 신야, 스몰빅인사이트, 2018

《스타트업 3개월 뒤 당신이 기필코 묻게 될 299가지》게리 바이너척, 리더스북, 2016

《아이디어 불패의 법칙》알베르토 사보이아, 인플루엔셜, 2020

《나는 직원 없이도 10억 번다》일레인 포펠트, 비즈니스북스, 2018

《100달러로 세상에 뛰어들어라》크리스 길아보, 더퀘스트, 2015

《백종원의 장사 이야기》백종원, 서울문화사, 2016

인생에 도움 됐던 책

《열한 계단》채사장, 웨일북, 2016

《시작의 기술》개리 비숍, 웅진지식하우스, 2019

《내 인생 구하기》개리 비숍, 웅진지식하우스, 2020

《여덟 단어》박웅현, 북하우스, 2013

《지지 않는다는 말》김연수, 마음의숲, 2018

《원씽》게리 켈러·제이 파파산, 비즈니스북스, 2013

《철학카페에서 시 읽기》김용규, 웅진지식하우스, 2011

《드림온》김미경, 쌤앤파커스, 2013

N잡하는 허대리의 월급 독립 스쿨

1판 1쇄 발행 2020년 7월 10일
1판 3쇄 발행 2020년 8월 24일

지은이 N잡하는 허대리
발행인 오영진 김진갑
발행처 토네이도

책임편집 진송이
기획편집 이다희 박수진 박은화 허재희
디자인 유니드
마케팅 박시현 신하은 박준서 김예은
경영지원 이혜선

출판등록 2006년 1월 11일 제313-2006-15호
주소 서울시 마포구 월드컵북로5가길 12 서교빌딩 2층
전화 02-332-3310 팩스 02-332-7741
블로그 blog.naver.com/midnightbookstore
페이스북 www.facebook.com/tornadobook

ISBN 979-11-5851-180-7 03320

토네이도는 토네이도미디어그룹(주)의 자회사입니다.

이 도서의 국립중앙도서관 출판예정도서목록(CIP)은 서지정보유통지원시스템 홈페이지(http://seoji.nl.go.
kr)와 국가자료공동목록시스템(http://www.nl.go.kr/kolisnet)에서 이용하실 수 있습니다.
(CIP제어번호: CIP2020023443)